논리의 미궁을 탈출하라

청소년을 위한
철학 판타지 소설

논리의
미궁을
탈출하라

좌백 글 | **왕지성** 그림
한국철학사상연구회 감수

마리북

철학은 지혜에 대한 사랑

철학은 어렵지 않습니다.

못 믿겠다고요? 이 책을 읽어보세요. 그럼 믿을 수 있을 것입니다.

철학은 미래를 점치거나 어려운 이야기를 늘어놓는 것이 아닙니다. 우리 자신과 우리 주변의 것들에 대해 생각한 것을 이야기하는 것이지요. 그 이야기가 조금 어렵게 느껴지는 것은 거기 사용한 단어가 일상생활에서 쉽게 사용하는 단어가 아니어서 귀에 익지 않기 때문입니다. 혹은 아직 거기까지 생각할 나이가 아니기 때문이지요.

물론 몇몇 철학자들은 쉬운 이야기를 참 어렵게도 꼬아놨구나 하는 비판을 마땅히 들어야 합니다. 하지만 그것조차도 사실은 그

분들이 생각한 것을 더 정확하게, 더 쉽게 설명하기 위해서 노력한 결과라는 것을 이해하고 용서해줘야 합니다. 철학은 생각하기고, 그 생각이란 대부분 당연하고 간단한 것이지만 때로는 아주 복잡하게 꼬이기도 하거든요. 그런 생각의 실타래를 따라가다 보면 어지러워질 때도 있는 것이지요.

다시 한 번 강조하지만 철학은 '생각하기' 입니다. 어려운 단어의 뜻을 외우고, 뜻도 모르는 문장들을 아는 척하며 읊는 것이 아닙니다. 왜 이런 생각을 할까 궁금해하며 그 생각의 단계를 따라가다 보면 쉽게 이해할 수 있는 게 바로 철학이지요.

특히 이 책에서 다루고 있는 논리학은 알고 보면 바르게 생각하는 법을 배우는 학문입니다. 여기서 바르게라는 건 도덕에서 말하듯 올바르게 행동하라고 할 때의 바르게와는 좀 다릅니다. 수학에서 말하는 바르게 계산하기, 즉 틀리지 않기에 훨씬 가깝지요.

1+1이 어려운가요? 쉽지요.

논리학에서도 말합니다. A는 A라고. 어려운가요? 나는 나고, 호랑이는 호랑이고, 달은 달이지요. 이 당연한 것을 긍정하는 것에서부터 논리학은 시작됩니다. 그 뒤에도 알고 보면 다 당연한 이야기를 하고 있지요.

그게 어렵다거나 당연하지 않아 보이는 건 우리의 평소 생각이 틀릴 가능성이 무척 많기 때문입니다. 그래서 틀린 말을 하고, 틀린 논리를 전개하고, 틀린 결론을 내는 것이지요. 그런 것을 고치기 위해, 하지 않기 위해서 바로 논리학이 필요한 것입니다.

요즘 논술 교육이 유행이라지요? 논리학을 안다고 논술을 잘하게 되는 건 아닐 겁니다. 하지만 논리학을 모르고서 논술을 잘한다는 건 무척 어려운 일입니다. 논리학은 기본 중의 기본이라서 거기 사용하는 단어만 몰랐던 것이지 사실은 우리가 대부분 알고 있는 사실들을 정리해놓은 것입니다. 천천히 주의 깊게 살펴보기만 하면 너무나 뻔하고 당연한 이야기들을 하는 게 바로 논리학이거든요. 더욱이 이 책에서는 우리가 꼭 알아야 할 논리의 기본 개념들을 다루고 있답니다.

하나에 하나를 더하면 둘이 된다는 건 어린아이들도 알지요. 하지만 1+1=2라고 하면 잘 모르는 아이들도 있을 겁니다. 논리학이 그렇고, 철학이 그렇습니다. 그러니까 다시 한 번 말합니다.

철학은 쉬워요.

좌백

차례

PART 1 **미로**

PART 2 **함정**

PART 3 **보물**

지누의 원래 이름은 진우다. 하지만 친구들은 지누라고 부르고, 본인도 그렇게 불리는 걸 좋아한다. 지누가 가장 좋아하는 프로게이머 홍진호도 지노라고 불리지 않는가. 지노와 지누는 비슷하게도 들린다. 장래 희망이 프로게이머인 지누에게는 그게 은근히 자랑거리였다.

그런데 지금 지누는 이 세상에서 자신이 제일 불행하다고 생각한다. 최소한 전 세계의 중학생 중에서 제일 불행한 건 확실했다.

여러분은 어떤 사람이 불행하다고 생각하는가? '돈이 없는 사람'이라고 대답할 수도 있고, '가족이 화목하지 못한 사람'이라고 대답할 수도 있다. 확실한 대답이 떠오르지 않는 사람도 있을 것이다.

지누는 그런 면에서 주관이 뚜렷한 녀석인 셈이다. 불행이라는 건 '자기가 하고 싶은 걸 못하는 것'이라고 딱 잘라 대답할 줄 아니까 말이다.

지누가 이렇게 불행한 건 순전히 부모님 때문이다. 그렇다고 부모님이 부부싸움을 하다가 홧김에 손에 들고 있던 휴대폰이라도 던져서 지누가 맞았다는 건 아니다. 지누에게 관심이 없으신 것도 아니다. 솔직히 말하자면 너무 많아서 탈이다.

사건은 방학이 시작된 지 일주일이 되던 날 일어났다. 아무리 방학이라도 아침 식사는 온 가족이 함께 해야 한다고 아버지가 못을 딱 박아놓았기 때문에 지누는 눈을 비비면서 식탁으로 가다가 갑자기 현기증으로 쓰러졌다. 어머니는 비명을 지르고 아버지는 구급차를 불렀다. 온 집안이 발칵 뒤집혔다. 병원에 가서야 정신을 차리긴 했는데 의사 선생님이 과로라고 진단을 내리자 더 큰 난리가 났다. 당장 부모님이 어떻게 된 영문인지 조사에 나섰고, 진상이 밝혀지는 데는 오랜 시간이 걸리지 않았다. 최근 지누가 맛들인 온라인 게임을 너무 심하게 했던 게 원인이었다. 방학한 김에 며칠 밤을 새워 컴퓨터에 매달렸더니 몸이 축났던 모양이다.

그래도 그렇지, 며칠만 쉬면 되는 일을 가지고 그렇게 화를 버럭 내시다니. 지누는 생각할수록 부모님이 원망스러웠다. 부모님은 화만 내고 만 게 아니라 머리를 맞대고 대책을 의논하셨다. 남은 방학 기간 동안 지누를 컴퓨터에서 떼어놓을 궁리를 하신 것이다.

논리의 미궁을 탈출하라

그 결과, 지누는 세상에서 가장 불행한 중학생이 되었다.

"당장 짐 싸서 시골에 있는 삼촌 댁에 가거라. 방학 끝날 때까지 못 돌아온다!"

청천벽력 같은 소리를 듣고 내쫓긴 것이 일주일 전의 일이었다. 차라리 극기 훈련원에 가는 게 낫지!

노총각인 지누네 삼촌은 좀 괴짜다. 전화도 없는 산골에, 그것도 남이 버리고 떠난 집에 산다. 화전민이 버리고 간 집이라는데 오두 막이 따로 없다. 하지만 바로 그 오두막 옆에 커다란 창고를 짓고 그 속에 책을 꽉꽉 채워 도서관처럼 만들어뒀다. 거기 있는 책이 몇만 권이란다. 학교 도서관보다도 책이 많은데 그게 전부 삼촌의 책이다. 삼촌은 거기 틀어박혀 하루 종일 책을 읽고 또 읽는다. 일 도 안 하고 단지 책만 읽는데 어떻게 먹고사는지 모를 일이다.

친척들도 다 삼촌을 슬슬 피했다. 왕래하고 사는 건 아마 지누네 아버지 정도일 것이다. 아버지는 입버릇처럼 '그 녀석이 사실 알 고 보면 큰 인물'이라고 칭찬하시지만, 지누가 보기에는 영 아닌 것 같다. 하긴 뭐 키는 좀 크긴 하다. 대신 삐쩍 말라서 바람이 불 면 휙 쓰러질 것 같다. 얼핏 듣기로는 좋은 대학도 나왔단다. 하지 만 그럼 뭐 하나. 지금은 산골에 틀어박혀 지내는 괴짜일 뿐인데.

쳇. 도대체 이런 곳에 왜 보낸 걸까! 여긴 컴퓨터도 TV도 없다. 그렇다고 삼촌이 재미있는 사람이냐면 그것도 아니다.

인가도 없는 산길을 몇 시간이나 걸어 들어온 지누가 불퉁한 얼 굴로 "안녕하세요" 했더니 "어 왔냐" 한마디 하고는 밥은 알아서

챙겨 먹으라고 하고 다시 보던 책만 봤다. 하루에 말 한마디 나누기도 힘들다. 솔직히 컴퓨터 게임만 하는 것이나, 삼촌처럼 하루 종일 앉아서 책만 읽는 것이나 무슨 차이가 있는지 모르겠다.

상대해주는 사람도 없고 할 일도 없어서 지누는 죽을 만큼 심심했다. 물 맑고 공기 좋은 곳이라고? 그건 맞다. 하지만 단지 그것뿐이었다. 낮에도 사람 구경 하기 힘들고, 밤에는 산짐승 소리까지 들려오는 곳이라 멀리 나다닐 수도 없었다. 곰이라도 나올까 두려웠다.

삼촌이 열심히 읽는 걸 보니 혹시 재미있는 소설책인가 싶어서 창고의 책을 몇 권 슬쩍 들여다보기도 했는데 진짜 재미 하나도 없었다. 솔직히 무슨 소리가 적혀 있는지도 모르겠다. 분명 한글로 씌어진 책인데 우리말이 아닌 것 같다. 몇 줄 읽어보지도 않고 던져버렸다. 이렇게 어렵고 재미없는 책을 왜 보는지 모르겠다.

삼촌에게 물었더니 철학에 관한 책들이란다. 창고에 가득한 책이 모두 그렇단다.

"철학이 뭐죠? 점치는 건가요?"

길거리에 철학원이라는 간판이 붙어 있는 건 봤다. 점치는 곳이잖아. 삼촌은 한숨을 내쉬었다.

철학 철학philosophy이라는 명칭은 그리스어로 사랑을 뜻하는 philos와 지혜를 뜻하는sophia의 합성어에서 유래되었다.

"그런 철학이 아니라⋯⋯."

그러곤 장황한 설명이 이어졌다. 제반 사물과 사태의 참된 근원과 의미를 끝없이 따져 묻고 되묻는 행위이고, 우리 삶의 문제에 대한 선철들의 근원적 숙고를 담고 있으며, 인간과 사회, 자연과 우주에 대한 근본적인 의문과 호기심, 그리고 해결 의지로 가득한 본원적인 인간의 지적 욕망 그 자체라는 게 삼촌의 말씀인데 솔직히 한마디도 못 알아들었다. 이건 책보다 더 어렵잖아.

하품을 몇 번 했더니 삼촌은 좀 전보다 더 긴 한숨을 내쉬곤 그만 가라고 했다. 다행이다. 하지만 심심한 건 여전히 해결되지 않는다.

좀이 쑤시고, 손가락이 근질근질했다. 아무래도 빈혈보다 더 큰 병이 오려나 보다. 누워서 천장을 보면 컴퓨터 게임 화면만 오락가락했다. 아아! 보고 싶은 모니터! 그리운 마우스! 게임기! 햄버거! 치킨!

세상에서 제일 불행한 중학생 지누의 일과는 그렇게 헛소리를 중얼중얼거리다가 자고, 자다 일어나서 삼촌이 차려주는 밥 먹고, 또 자고, 잠깐 바람 쐬다가 다시 자는 게 전부였다. 부모님은 지누를 방학 내내 재우려고 삼촌 집에 보낸 건가?

그런데, 일주일이 지난 다음 날. 오싹한 일이 일어났다. 삼촌이 잠깐 외출한 사이, 지누가 낮잠을 자고 있을 때였다. 꿈에서 신나게 몬스터를 때려잡고 있는데, 뭔가 서늘한 것이 목이랑 뺨을 톡톡 건드렸다. 지누는 잠결에 손으로 목을 벅벅 긁었다. 그러다 느

낌이 이상해서 눈을 번쩍 떴다. 그랬더니 웬 연분홍 치맛자락이 코앞에 보였다. 고개를 들어 보니 연분홍 원피스를 입은 긴 머리 계집애가 지누를 빤히 내려다보는 게 아닌가.

지누는 깜짝 놀라서 후다닥 일어났다. 이웃집이라곤 한 집도 없는 이곳에 웬 계집애냐! 소녀는 지누랑 비슷한 또래로 보였고, 옷차림은 요즘 여자애치고는 좀 이상하지만 얼굴은 아무리 봐도 시골 아이 같지 않게 하얗고 매끄러웠다.

"너, 넌 누구니?"

지누는 어쩐지 소름이 끼쳐서 말을 약간 더듬었다. 소녀는 지누를 말끄러미 쳐다보다가 고개를 갸웃했다.

"나? 글쎄 나는 누굴까?"

"장난하냐! 너 어디 사는 애야?"

"난, 이 집 살아. 넌?"

"우, 웃기지 마! 여긴 우리 삼촌 집이라고! 내가 일주일 전부터

여기 쭉 있었는데 너 같은 애는 없었어!"

"응? 난 그 전부터 쭉 여기 살았는데?"

이거 귀신인가? 나 지금 가위눌리고 있나? 지누는 이게 꿈이라면 눈을 감았다 뜨면 깨어날 거라고 생각했다. 그래서 일단 눈을 질끈 감았다. 그리고 떴다. 소녀는 여전히 있었다. 문을 나가고 있긴 하지만.

"야, 거기 서! 너 도대체 누구야?"

소녀는 멈추지 않았다. 지누는 얼른 옷을 챙겨 입고 밖으로 나갔다. 검은 긴 머리와 연분홍 원피스 자락이 마당 저편 창고로 쏙 들어가는 뒷모습이 얼핏 보였다.

"야!"

지누는 후다닥 그쪽으로 뛰어갔다. 저 계집애를 꼭 붙잡아서 정체를 알아내야지! 도둑인지도 몰라. 벌건 대낮에 나타났으니 귀신은 아니겠지.

심심해서일 것이다. 평소 같았으면 안 그랬을 텐데 지금은 굉장히 용감해진 지누였다.

끼이익. 삼촌의 서재인 창고 문이 열렸다. 줄줄이 늘어선 책꽂이들이 보였다. 앞뒤로 책이 꽉꽉 들어찬 책꽂이가 몇 줄이나 늘어서 있는 저편으로 연분홍 원피스 자락이 쏙 달아나는 것이 보였다.

지누는 놓칠까 보냐 하고 달려갔다. 모퉁이를 도니까 또 저쪽 반대편으로 원피스가 사라졌다. 점점 약이 올랐다. 상대는 뛰는 것 같지도 않은데 어찌 된 셈인지 항상 아슬아슬 앞서 간다. 소매를

걷어붙이고 지누는 본격적으로 뛰기 시작했다. 책장들 사이로 꼬불꼬불 난 길을 따라서……!

"으악!"

너무 열심히 뛰었던 모양인지 다음 모퉁이를 돌다가 멈춰 서지 못하고 툭 튀어나온 책더미에 부딪혀 쓰러졌다. 눈앞에 별이 보였다.

"아쿠쿠야……."

주저앉아서 코를 어루만지다가 뭔가 이상하다는 느낌이 들었다. 벌써 몇 번이나 그 소녀를 따라 모퉁이를 꺾었지? 그런데 이 창고가 그렇게 컸나? 밖에서 보면 그렇게 크진 않았는데?

어라, 그러고 보니 분명히 창고는 벽돌로 지은 거 아니었나? 왜 천장이 돌로 되어 있지?

뭔가 일이 이상하게 돌아간다는 것을 느끼고 지누는 벌떡 일어났다. 확실히 이상했다! 밖에서 보면 길어야 열 걸음 걸으면 끝날 작은 창고였다. 그런데 좌우로는 책이 빽빽하게 꽂힌 책꽂이가 끝없이 늘어서 있고, 천장과 바닥은 육중한 돌로 된 길이 끝이 보이지 않게 뻗어 있지 않은가! 뒤를 돌아보니 역시 마찬가지였다.

PART

1

미로

이상한 소녀

이건 꿈이다. 지누는 그렇게 생각했다. 꿈이 아니면 이런 일이 있을 수 없지. 지누는 팔을 꼬집어봤다. 너무 아프면 안 되니까 살살. 안 아팠다. 봐, 꿈이지. 그래도 혹시 해서 한 번 더 꼬집어봤다. 이번엔 힘껏.

"악!"

너무 아팠다. 눈물이 찔끔 났다. 눈물을 닦고 다시 주변을 둘러봤다. 여전히 끝없이 이어진 책꽂이의 행렬이 보였다. 일어나서 책꽂이의 책을 한 권 뽑아 봤다. 외국어로 씌어진 책이다. 얼른 다시 꽂았다. 그러고 보니 이상하게 밝다. 천장에는 전등도 없는데 빛은 어디서 들어오는 걸까? 이건 아무래도 꿈이야. 꿈이 아니고는 이

럴 수가 없어.

지누는 걸었다. 책꽂이 사이로 난 이상한 길을 따라 하염없이 걸었다. 깨지 않는 꿈은 없다. 언젠가는 깨겠지. 그런데 꿈속에서 걷는데도 엄청 피곤하네? 지누는 어떤 책꽂이 옆 돌바닥에 주저앉았다. 꽂힌 책은 다르지만 책꽂이는 모두 똑같은 모양이니 어디가 어딘지 분간할 수 없었다.

어떤 책이 꽂혀 있는가로 구분할 수 있을지도 모르지만 외국어 제목이 붙은 책이 대부분이고 읽을 수 없는 한자로 된 것도 많았다. 한글 제목이라고 해도 철학강요니, 정신현상학이니, 에티카니 하는 뜻도 내용도 짐작할 수 없는 제목이라 외국어나 마찬가지였다. 지누는 그런 책 중에서 제일 크고 두꺼운 책을 한 권 뽑아서 바닥에 깔고 앉았다. 읽을 수도 없는 책, 이런 데나 써야지.

피곤해서인지 졸렸다. 잠도 자다가 말았지. 아니, 꿈속에서 또 잘 수도 있는 건가? 이번에 깨면 이 악몽도 끝나겠지. 아스라이 잠에 빠져들다가 지누는 퍼뜩 깨어났다. 뭔가 아주 기분 나쁜 느낌

정신현상학 이 책은 독일의 관념론 철학자 헤겔1770~1831이 1807년에 처음 발표한 대표적인 저서이다. '의식의 경험에 관한 학'이라는 부제를 달고 있다. 이 책은 '세계정신'이 자신을 드러내는 과정을 담고 있다. '세계정신'이란 신(神)의 섭리라고도 할 수 있다.
에티카 이 책은 네덜란드의 합리주의 철학자였던 스피노자1632~1677가 1675년에 완성했으나, 그의 철학이 신을 모독하는 것이라는 비난을 받아 생전에 출간되지는 못했다.

이 들었다. 울음소리, 그래, 누군가의 울음소리가 귓가에 들려왔던 것 같았다. 대체 누가 울었지? 주위를 둘러봤다. 실망스럽게도 여전히 꿈속인가 보다. 책꽂이만 끝없이 이어져 있다. 울음소리도 착각이었나 보다. 아니면 책이나 책꽂이가 울었겠지.

그런 말도 안 되는 생각을 하며 지누는 풀이 죽어 바닥만 쳐다보았다. 이게 꿈이 아니라면 어쩌나. 이대로 책꽂이들 사이에서 길을 잃고 헤매다가 죽어버리면 어쩌나. 창고에서 길을 잃어 굶어 죽었다고 하면 신문에 날 거야. 아니, 그 전에 삼촌이 찾아서 구해주겠지. 아니 아니, 삼촌은 책 읽느라 정신이 없어서 내가 사라진 줄도 모를 거야. 아니면 혼자 서울로 돌아갔다고 생각할지도 몰라. 아빠 엄마랑 연락해보고 사라진 걸 알면 여길 찾아볼까? 며칠이 지나야 알게 될까. 그 전에 난 아마 죽고 말 거야. 엄마 아빠는 그때서야 이런 산골에 보낸 걸 후회하시겠지. 살아 있을 때 그 하고 싶었던 게임이나 실컷 하게 해줄 걸 하고 눈물을 흘리시겠지.

이제야말로 지누가 눈물을 흘리고 싶은 기분이었다. 실제로 눈물 한 방울이 발 앞의 돌바닥에 떨어졌다. 그런데 그 바로 앞에 작은 발이 있었다. 지누 발이 아니라 다른 사람의 발이었다.

지누는 고개를 들었다. 연분홍 원피스, 하얀 목과 얼굴. 그 여자애였다. 맞아, 원래는 이 애를 쫓아왔었지. 그러다가 이런 이상한 곳에 떨어졌잖아. 화가 났다.

"너 때문이야!"

"뭐가?"

소녀가 천연덕스럽게 되물었다.

"여기 오게 된 거!"

"난 널 부르지 않았어. 날 쫓아온 건 너야."

지누는 말문이 막혔다. 그래 네가 부른 건 아니지. 하지만 결국은 얘 때문에 길을 잃었잖아.

"그래도 너 때문에 길을 잃었으니까 책임져!"

"다시 말하지만 네가 길을 잃은 건 나 때문이 아냐. 그러니까 내가 책임질 일도 없어."

소녀는 얄밉도록 또박또박 조금도 화내는 기색 없이 말했다. 지누는 작전을 바꿨다.

"그럼 그냥 도와줘. 여기서 나가는 길을 너는 알고 있을 거 아냐."

"알긴 하지만 내가 왜 널 도와줘야 하지?"

그러면서 빤히 쳐다본다. 지누도 그런 소녀를 빤히 쳐다보았다. 뭐 이런 이상한 애가 다 있지.

"꼬박꼬박 이유를 물어야겠어? 길 잃은 사람 돕는다 치고 그 정도는 가르쳐줄 수 있잖아."

소녀는 고개를 갸웃거렸다.

"이유 없이 뭘 한다는 거지? 넌 이유 없이 아무거나 해?"

다시 한 번 지누의 말문이 막혔다. 얘는 정말로 그렇게 생각하는 것 같았다. 하지만 이유 같은 건 따지지 않고 그냥 하는 일도 얼마든지 있잖아. 매번 꼬박꼬박 이유 따지고 논리 따지면 피곤해서 어떻게 살지?

어쨌건 여기서 나가려면 애에게 도움을 받아야 한다. 지누는 소녀가 어딘가 이상한 애라고 인정하고 거기 맞추기로 했다. 애가 내게 길을 알려줘야 할 이유가 뭘까를 생각하기 시작한 것이다.

"길 잃은 사람에게 도움을 주는 건 착한 일이니까. 공중도덕의 하나라고 배우지 않았어?"

완벽한 이유라고 속으로 만족스러워하고 있는데 소녀가 되물었다.

"착한 일은 꼭 해야 하는 걸까? 공중도덕은 왜 지켜야 하는 거지?"

지누는 이제 화가 나려고 했다. 이런 당연한 것에까지 토를 달고 나오면 싸우자는 이야기 아닌가. 왜 착한 일을 해야 하냐고? 그게 당연하잖아. 왜 공중도덕을 지켜야 하냐고? 그것도 당연하잖아. 문득 그럴듯한 대답이 떠올랐다.

"같이 사는 세상이잖아. 인간은 서로 도우며 살아야 해. 그게 착한 일을 해야 하고 공중도덕을 지켜야 하는 이유지."

소녀가 처음으로 웃음 비슷한 것을 보였다. 고개도 끄덕였다.

"그건 조금 이유가 돼. 길을 알려줄게. 하지만 나가고 못 나가는 건 네가 하기에 달렸어."

그러곤 먼저 걸어가기 시작한다. 지누는 얼른 일어나서 쫓아가며 물었다.

"나가고 못 나가는 건 내가 하기에 달렸다는 건 무슨 말이야. 나가는 데 뭐 어려운 거라도 있다는 거야? 여긴 도대체 어디고 넌 도대체 누구지?"

소녀가 걸음을 멈추었다. 그러고는 지누의 뒤를 가리켰다. 지누는 뒤돌아보았다. 여태 깔고 앉아 있던 책을 가리키는 것이다. 꽂아두라는 뜻인가 보다.

"안 그래도 방석 대신 사용해서 화가 났을 텐데 버려두고 가면 아주 슬퍼할 거야."

별스러운 소리를 다 한다. 책이 화날 게 뭐고 슬퍼할 건 또 뭐람.

그래도 바닥에 버려두고 가는 건 안 좋은 일 같아서 지누는 얼른 책을 집어들었다. 아니, 집어들려고 노력했다. 하지만 그럴 수 없었다. 아까 책꽂이에서 뺄 때와는 달리 지금은 엄청나게 무거워져서 도저히 들어올릴 수가 없었다.

"이거 왜 이러지?"

지누의 중얼거림에 소녀가 대답했다.

"마음이 상한 거야. 토라지면 너도 누가 건드리는 게 싫어지지 않니?"

또 이상한 소리. 책이 토라질 게 다 뭐람.

"그럼 어떻게 해? 책에게 빌기라도 하라는 거야?"

화가 나서 한 소리였는데 소녀는 진지하게 고개를 끄덕이고 있었다.

"나 같으면 그렇게 하겠어. 여기서 나가는 데 나보다는 그 책이 훨씬 도움이 될 테니까. 이곳에서 책은 아주 강한 존재거든."

지누는 소녀의 말을 무시하기로 했다. 들으면 들을수록 이상한 소리만 하니까. 다시 한 번 책을 들려고 애를 써봤지만 꿈쩍도 않는다. 지누는 한숨을 내쉬고 손을 털었다.

"네 말대로 건드리는 게 싫은가봐. 그냥 두고 가야겠어."

"마음대로."

소녀는 차갑게 말하고는 돌아섰다. 지누는 한동안 말없이 그 뒤를 따라 걸었다. 화가 난 듯해서 가까이 가기는 싫지만 또 지누만 내버려두고 사라져버릴까봐 놓치지 않을 정도로 바짝 붙어서. 그런데 그렇게 해본 사람은 알겠지만 그건 무척 괴롭고 어색한 일이다. 세상에서 제일 싫은 게 마음에 들지 않는 사람과 동행하는 것이고, 그보다 더 싫은 게 동행하면서 싸우는 것 아닌가. 지누는 애써 말을 붙여봤다.

"넌 누구야?"

"난 나야. 넌 누구야?"

말문이 탁 막혔다. 여태까진 그냥 막혔는데 이번에는 탁 막혔다. 한참 동안 지누는 화가 나서 말을 하지 않았다. 둘은 말없이 책꽂이를 이리 돌고 저리 돌면서 걸어갔다. 소녀가 물었다.

"왜 대답을 않지? 넌 누구야?"

지누는 떼기 싫은 입술을 벌려 억지로 대답했다.

"난 진우라고 해. 하지만 친구들이나 부모님이나 모두 지누라고 부르지. 너도 지누라고 부르면 돼."

"그건 이름?"

"당연하지."

"이름을 알면 네가 누군지 다 알게 되는 거야? 아까 너도 내 이름을 물은 거였어? 그럼 대답해줄게. 난 애지야. 이제 내가 누군지 다 안 거야?"

애지. 이상한 소녀 애지. 그래 이상한 애지. 지누는 순간적으로 웃을 뻔했다. 어쩐지 이상한 애다 했어. 사실 그렇게 이상한 이름은 아니지만 지금의 이상한 상황과 맞물려 어쩐지 우스웠다. 그러니까 갑자기 마음이 풀려 이 이상한 아이 애지에게 흥미까지 느껴졌다.

　문득 어린 왕자가 떠올랐다. 사막에서 어린 왕자를 만난 생텍쥐페리 아저씨도 나처럼 곤란했을 것이다. 화를 낼 일은 아니다. 이상한 애니까 이상하다 치고 대하면 그만이지.

　"이름을 안다고 다 아는 건 아니지 물론. 하지만 이름이 기본이긴 하잖아. 난 서울 살지만 삼촌 댁에 쉬러 왔어. 서울 남산중학교 3학년 2반이고, 집은 남산 부근에 있어."

　"난 낮에도 말했지만 여기 살아. 학교는 안 다니고."

　그래서 이상한 거였구나. 내 또래 같은데 학교도 안 다니면 이상할 만도 하지. 어쩐지 뭔가를 알 것 같다 싶어 지누는 고개를 끄덕였다. 애지가 물었다.

　"그걸로 된 거야?"

　또 질문이다. 애, 왜 이렇게 따지길 좋아하지? 보통은 이름 대고 사는 곳, 학교 말하면 끝 아닌가? 다시 한 번 어린 왕자 생각이 났다. 그래, 누굴 알게 되는 데는 시간이 많이 필요하지. 여우도 그랬잖아.

　"일단은 됐어. 천천히 더 잘 알게 되겠지 뭐."

　사실 별로 그러고 싶지도 않았다. 알면 알수록 이상한 애니까.

생텍쥐페리 1900~1944　《어린 왕자》를 쓴 유명한 프랑스의 소설가. 《어린 왕자》 외에도 《남방 우편기》 《야간 비행》 《전투 조종사》 등의 대표작이 있다.

한 번 만난 것만으로도 이런 이상한 곳에 오게 됐잖아. 모르고 사는 게 나을 것 같아.

애지가 걸음을 멈추었다.

"여기가 시작이야."

어느새 이런 곳까지 오게 된 것일까. 앞은 커다란 문이었다. 이상한 무늬들이 조각되어 있는 석문. 문 중앙에는 뿔 달린 괴물의 머리가 조각되어 있는데 퉁방울눈에 주먹코, 긴 이빨이 삐죽삐죽 튀어나온 커다란 입술이 있었다. 튀어나온 이빨들이 아니면 소머리와 비슷한 모습이었다.

미션 2

미노타우로스의 문

"미노타우로스의 문이야."

애지가 말했다.

"미노타우로스가 뭔데?"

지누가 되묻자 애지는 잠시 침묵하다가 물었다.

"그리스 로마 신화 몰라?"

"아아, 들은 것 같아."

기억났다. 그리스의 어느 나라 왕이 미궁을 만들고 미노타우로스라는 괴물을 풀어놓았다는 이야기가 있었지. 소머리에 사람 몸을 한 괴물이라던가. 어쩐지 소처럼 생겼다 했어. 그런데 삼촌은 뭐 이런 걸 다 만들어두셨나.

"이걸 열고 나가면 되는 거야?"

"이걸 열고 들어가면 시작이야."

미묘하게 다른 대답이 돌아왔지만 지누는 그런 것에 신경 쓰기 싫었다. 얼른 나가고 싶어 안달이 났는데 그런 말이 귀에 들어올 리 없었다.

"어떻게 여는 거야? 밀면 돼?"

지누가 손을 문에 가까이 대려 하자 애지가 외쳤다.

"안 돼!"

이미 늦었다. 지누는 문에 손을 댄 상태였다. 그 순간 짐승, 아니 괴물이 울부짖는 것처럼 무서운 소리가 쩌렁쩌렁 울려 퍼졌다. 그게 다가 아니었다. 문에 조각된 괴물이 입을 벌리더니 지누가 내민 손목을 콱 물어버렸다. 괴물의 울부짖음 뒤에는 지누가 질러대는 비명이 쩌렁쩌렁 울려 퍼졌다.

"진정해!"

애지가 말했다.

"설명을 듣고 하라는 뜻이었는데."

"이게 뭐야? 이거 어쩌면 좋아?"

미노타우로스 그리스 신화에 나오는 사람 몸에 소의 머리를 한 괴물. 크레타의 왕 미노스는 미궁에 갇혀 9년에 한 번씩 제물로 바쳐진 아테네의 소년 소녀들을 잡아 먹었는데, 제물로 위장하여 몰래 침입한 아테네의 왕자 테세우스한테 살해당한다.

논리의 **미궁을 탈출하라**

지누는 울 것 같은 기분을 간신히 억누르고 있었다. 다행히 팔이 아프거나 잘려나가지는 않았지만 수갑에 채워진 것처럼(수갑에 채워진 적은 없지만 아마 그럴 거다) 꽉 잡혀서 빼낼 수가 없었다.

애지가 말했다.

"문은 나가는 곳이기도 하고 들어가는 곳이기도 해. 이 문을 열면 지금까지 지나온 길이 끝나고 새로운 길이 시작된다는 말이야. 그 길을 통과해야만 밖으로 나갈 수 있어. 여기 들어오기는 쉽지만 나가기는 쉽지 않아."

"다른 길은 없었던 거야?"

지누는 원망스러운 감정을 담아 물었다. 아무래도 애지가 골려주려고 그를 여기로 데려온 것 같아서였다. 그런데 애지는 단호하게 고개를 저었다.

"없어. 이 길뿐이야."

"그럼 이 문 어떻게 열어? 내 손은 어떻게 되는 거고?"

"네 손을 문 건 그 문의 자물쇠야. 자물쇠는 열쇠로 열지."

별 이상한 자물쇠를 다 봤다. 삼촌은 창고에 왜 이런 걸 만들어둔 거지.

"열쇠가 어떤 거야? 어디 있어?"

"네가 열쇠야."

"뭐?"

"문이 곧 문제를 낼 거야. 너는 질문에 대답해야 해. 올바르게 대답하면 그게 열쇠가 돼서 문이 열려."

지누는 울상이 됐다. 여기까지 와서 시험을 쳐야 하는 거야?

"잘못 대답하면 어떻게 되는 건데. 몇 문제나 나와?"

"문이 안 열리는 거지. 보통은 네다섯 문제쯤."

그때 첫 번째 문제가 괴물의 목구멍 안쪽으로부터 나왔다. 손이 괴물의 입 속에 있어서 진동이 손목을 타고 올라오는 듯한 느낌이 들어 기분이 아주 나빴다. 황당한 문제라서 더욱 그랬다.

일렬로 서 있는 가, 나, 다 세 사람이 있다. 다는 가와 나를 볼 수 있고, 나는 가만 볼 수 있다. 가는 제일 앞에 서 있기 때문에 아무도 보지 못한다. 이 세 사람에게 빨간 모자 셋과 파란 모자 둘을 보여준 후 눈을 감게 하고 빨간 모자 셋을 씌워주었다. 그리고 파란 모자 둘을 치운 후 눈을 뜨게 한 다음 자신에게 보이는 걸 힌트로 해서 자신이 쓴 모자의 색깔을 맞히게 했다. 다는 모르겠다고 했다. 나도 모르겠다고 했다. 마지막으로 가가 말했는데 정답이었다. 가는 어떻게 맞혔을까? 세 사람은 비슷하게 머리가 좋아서 주어진 힌트가 완전하면 답을 맞힐 수 있다고 가정한다.

지누는 잠시 어리벙벙하게 서 있었다. 문제가 복잡해서 다 기억하지도 못했다. 다행히 괴물이 똑같은 문제를 일 분마다 한 번씩 반복해주었다. 하지만 얼른 답이 떠오르지 않는다.

"이건 수수께끼잖아."

애지가 말했다.

"정식 문제를 내기 전에 시험 삼아 낸 문제야. 시험을 받을 자격이 있는지 알아보고 싶은 것 같아."

"시험 삼아 낸 문제가 이렇게 어려워?"

투덜대는 지누에게 애지는 고개를 저어 보였다.

"나한테 화내기보다 답을 생각하는 게 낫지 않을까?"

벌써 문제가 네 번째 다시 들려오고 있었다. 지누는 문제에 집중해서 귀담아들었다. 다행히 지누는 머리가 나쁜 편이 아니고 수수께끼도 좋아했다. 안 해서 탈이지 공부도 하면 성적을 꽤 올릴 자신이 있었다.

이런 문제의 해결책은 차근차근 따져보는 수밖에 없다. 제일 뒤에 선 사람은 앞의 두 사람이 빨간 모자를 쓴 걸 보고 있다. 하지만

빨간 모자는 셋이고 파란 모자는 둘이니까 자기는 빨간 모자를 썼을 수도 있고, 파란 모자를 썼을 수도 있는 것이다. 결국 무슨 색인지 알 수 없다. 두 번째로 선 사람은 하나만 보고 있다. 이 경우 뒷사람보다 더 어려운 것 아닌가?

앞의 사람은 빨간 모자다. 그건 눈으로 확인했다. 하지만 뒷사람은? 그리고 자기는?

두 번째 사람은 뒷사람이 모르겠다고 한 것까지 참고해서 생각해야 한다. 제일 앞사람이 빨간 모자를 쓴 건 뒷사람도 보고 있다. 그런데 자신이 빨간 모자일 경우 뒷사람은 빨간 모자일 수도 있고 파란 모자일 수도 있다. 자신이 파란 모자일 경우엔? 그때도 파란 모자 하나와 빨간 모자 둘이 남기 때문에 뒷사람은 어느 쪽이건 될 수 있다. 그래서 모른다고 한 거겠지. 결국 두 번째 사람도 알 수 없다.

마지막 사람은 어떨까. 지누는 잠깐 더 생각해보고 답을 알아냈다. 하지만 틀렸으면 어쩌지. 조심해서 다시 한 번 점검해보고 지누는 답을 말했다. 대답이 돌아왔다.

"정답이다. 다음 문제." 정답은 p.53에

기뻐할 틈도 없이 괴물은 두 번째 문제를 냈다. 이번에는 단답형인데 그게 수수께끼보다 더 어려웠다.

논리의 **미궁을 탈출하라**

서술문에서 모든 사람이 객관적으로 인정할 수 있는 사태 내용이라 는 걸 뭐라고 하지?

머리가 멍해졌다. 이게 뭐야? 대체 그건 뭐에 관련된 문제냐고. 지누는 애지에게 물었다.

"이게 뭐야?"

애지가 짧게 대답했다.

"문제."

당연한 대답이다. 그러니 아주 쓸모가 없는 대답이기도 했다. 지누는 애지를 노려보았다. 잠시 후 괴물이 똑같은 질문을 반복했다. 그리고 또 반복했다. 이삼 분에 한 번씩 똑같은 질문을 들으며 땀만 삘삘 흘리고 있는 건 아주 괴롭다. 손목을 자물쇠에 물려 엉거주춤 서 있는 상태라면 더욱 그렇다. 지누는 결국 애지에게 도움을 청했다.

"도와줘."

애지가 말했다.

"내가 왜 널 도와야 해?"

지누는 벌컥 화를 내려다가 겨우 눌러참았다. 이상한 애잖아.

서술문 이 세상의 사물이나 사실들에 대한 정보를 전달하는 기능을 하므로 학문적인 내용이나 논리적인 표현에서는 서술문만을 사용해야 한다.

이상한 곳에서 만난 이상한 애지잖아.

"우린 아는 사이잖아."

지누의 말이 얼마나 호소력이 있었는지 모르지만 애지는 묵묵히 바라보다가 고개를 끄덕이고는 어딘가로 사라졌다. 그리고 한참 후 다시 나타났다. 지누는 그동안 흘린 땀이 식어버릴 정도로 공포심에 빠져 있었다. 이대로 애지가 다시 안 오면 어쩌나, 여기 그를 두고 혼자 나가버렸으면 어쩌나.

그래서 애지가 다시 나타났을 때 지누는 눈물을 흘릴 것처럼 반가웠다. 하지만 눈물을 흘리기 전에 이 난관에서는 벗어나야지.

"그게 뭐야?"

애지는 책을 들고 있었다. 커다랗고 두꺼운 책이다.

"아까 네가 버려둔 책."

그래, 그 책이다. 아까 지누는 들지도 못하는 걸 애지는 얇은 문고본 책이라도 든 것처럼 가볍게 세워서 지누에게 보여주는 것이 아닌가.

논리학이라고 커다랗게 제목이 적혀 있다.

"그게 뭐?"

소녀는 고개를 젓더니 표지를 열어서 책 내용 중 한 부분을 손

명제 모든 명제가 참 또는 거짓 값을 갖는다는 것은 스토아 철학의 창시자 중 한 사람인 크리시포스B.C. 279~206가 발견했다.

논리의 마궁을 탈출하라

가락으로 가리켰다.

명제란 서술문에서 모든 사람이 공통적으로 인정할 수 있는 객관적인 사태 내용을 말한다.

그리고 그 밑에는 자세한 설명이 있었다.

문장의 여러 가지 기능 중 서술적 기능은 이 세상의 사물이나 사실들에 대해 말하고, 보고하고, 서술하는 기능을 한다. 이러한 기능을 하는 문장을 서술문이라고 한다. 이 서술문이 나타내는 객관적인 내용을 명제라고 한다. 명제만이 지식과 정보를 전달하며 명제만이 참과 거짓을 문제 삼을 수 있다.

논리학 괴물

명제라고 대답부터 해놓고 지누는 애지에게 물었다.

"이게 뭐야?"

"논리학 책."

"논리학이 뭔데?"

애지는 대답 대신 책의 다른 부분을 펼쳤다.

진지한 주장일수록 나름대로 이유가 제시되게 마련인데, 우리는 그 주장의 이유가 그럴듯한지를 따져본다. 이처럼 주장과 그 이유의 관계를 검토해보고 나서 그 주장을 받아들일 것인지를 결정한다. 이때 우리는 이미 논리적인 사유를 하고 있다.

논리학은 사고의 형식적인 규칙과 절차에 관심을 갖고 정확한 논증과 부정확한 논증을 구분해주는 방법과 원리를 연구하는 학문이다. 논리학의 주된 관심사는 명제의 주장 내용 그 자체의 참 거짓이 아니라 주장과 그 이유의 관계에 있는 명제들의 논리적 관계이다. 말하자면 "논리학은 논증을 통해 도달한 결론(주장)이 주어진 또는 가정된 전제(이유)들에 의해 뒷받침되는가?"에 관심을 갖는다. 만일 전제들이 결론을 받아들이기에 적절한 근거가 되면, 즉 전제가 참이라는 주장이 결론이 참이라는 주장을 보장해주면 그 논증은 정확하다.

눈이 빙빙 도는 것 같았다. 무슨 말인지 거의 알아들을 수가 없다.
"이게 무슨 소린데?"
이번에도 애지는 대답 대신 다른 부분을 펼쳐서 보여주었다. 거기에는 논리학이라는 것에 대해 여러 가지로 서술되어 있었다.

논리학이란 서로 의견을 내어 토의하면서 자신의 주장을 이치에 맞게 펴나가는 방법과 원리를 연구하는 학문이다.
논리학이란 언어를 학문의 대상으로 삼는다. 그리고 그것을 공부하는 이유는 언어의 적확한 사용을 위해서이고, 궁극적으로는 잘못 사용된 언어로 인해서 발생하는 분쟁과 갈등을 최소화하기 위한 것이다.

논리학 논리학의 창시자는 그리스의 철학자 아리스토텔레스B.C. 384~322이다. 그는 특히 명사들이 배열는 방식에 따라 타당한 삼단논법과 타당하지 않은 삼단논법의 기준을 마련한 것으로 유명하다.

논리란 생각하거나 말하거나 글을 쓸 때 내용을 이치에 맞게 이끌어가는 과정이나 원리를 말한다. 간단히 말하면 논리란 사물의 이치나 법칙성을 말하는 것이다.

논리학은 올바른 추론의 형식을 연구하는 학문이다. 보다 구체적으로 말해서 논리학은 그릇된 추론으로부터 올바른 추론을 판별해내는 원리와 방법을 탐구하는 학문이다.

마지막 문장을 읽는데 자물쇠의 괴물이 또 문제를 냈다.

하나 이상의 명제가 다른 명제를 믿기 위한 충분한 이유를 제공해주는, 그러한 명제들의 집합으로 이루어진 언어적 단위를 무엇이라고 하는가?

애지가 기다리지도 않고 바로 책을 펼쳐서 한 부분을 짚었다. 추론이라는 게 그런 거라고 씌어져 있었다. 대답을 하자 바로 이어지는 질문.

올바른 추론의 형식을 연구하는 학문을 무어라 하는가?

그건 앞에서 봤다. 그게 바로 논리학이라는 거지. 그러니까 논리학은 올바른 추론의 형식을 연구하는 학문이고, 추론이란 명제들의 집합이며, 명제란 서술문이 나타내는 객관적인 내용을 말한다는 거구나. 그게 뭔지는 아직 잘 모르겠지만 말이다.

논증의 구조　모든 논증은 전제와 결론으로 이루어진다. 전제는 결론을 신뢰할 만한 것으로 만드는 근거가 된다. 그런데 전제와 결론은 고정적인 것은 아니고 상대적이다. 어떤 결론은 또 다른 결론과의 관계에서는 전제의 역할을 하기도 한다.

추리와 추론　이미 알고 있는 어떤 사실들을 바탕으로 하여 새로운 사실을 알아내는 방법을 추리라 하는데 추리는 아직 생각으로만 있는 것이다. 추리를 언어로 객관화하여, 즉 말이나 글로 표현한 것을 추론이라 한다. 추론은 다시 논증이라고 바꾸어 쓰기도 한다.

'정답'이라는 말과 함께 손이 풀려나왔다. 그리고 문이 요란한 소리를 내며 위로 들려 올라갔다. 영화에서나 나올 법한 장면이었지만 지누는 그동안 묶여 있던 손목을 문질러주느라, 그리고 문이 열린 기쁨에 얼른 밖으로 나가느라 놀라지도 않았다.

하지만 문 '밖'도 역시 '안'이었다. 적어도 지누가 기대하던 밖은 아니었다. 그곳은 복도였다. 그리고 그 끝에는 다시 문이 있었다. 지누는 달려가서 문을 열려고 하다가 중간에 멈췄다. 애지가 따라오지 않고 있잖은가.

"왜 안 와?"

애지가 책을 들어 보여주며 말했다.

"또 그냥 두고 갈 거야?"

"그게 왜 필요해?"

애지는 잠자코 책을 내려두었다.

"그럼 두고 가지 뭐."

지누는 마음을 바꿔 책 쪽으로 걸어갔다. 문을 여는 데 필요했으니 또 필요해질지도 모른다. 아니, 가만히 생각해보니 아까 저 책을 깔고 앉았기 때문에 논리학 문제를 풀어야 했던 것인지도 모른다. 분명 그런 것 같다. 아까 애지도 이곳에서는 책이 더 강력하다는 이상한 이야기를 하지 않았던가. 지누는 확인하기 위해 물었다.

"아까 내가 다른 책을 들었으면 다른 문제가 나왔을까?"

애지가 고개를 끄덕였다.

"그랬을 거야."

"그럼 아무 책도 안 건드렸으면?"

"별일 없이 보통 문을 통해 밖으로 나갈 수도 있었겠지."

지누의 눈에 눈물이 핑 돌았다. 이 책이 진짜 괴물이었다. 괜히 건드리는 바람에 이런 이상한 세계로 빠져든 것이다. 아니, 원래는 애지를 따라와서 이 모양이 되었던 것이지. 하지만 그 후에 이 책을 건드리는 바람에 세계가 이런 형태가 된 것이고.

이제 지누는 이 세계가 꿈인지 아닌지 따져 묻지 않았다. 그냥 애지가 하는 말과 직접 겪는 일에 생각을 맞춰가고 있었지만 지누 자신은 별로 의식하지 못하고 있었다.

생각해보라. 창고로 들어왔더니 끝없이 이어진 서재가 나오고 말하는 석문을 만나 시험까지 쳤다. 무거워졌다 가벼워졌다 펼쳐졌다 안 펼쳐졌다 하는 책까지 만났으니 이제 뭘 더 고민할 것인가. 꿈이면 얼른 깨기 바라고 꿈이 아니라면 얼른 빠져나갈 수 있길 바랄 뿐이었다.

이번에도 책은 들리지 않았다. 애지가 그렇게 가볍게 들던 책을 지누는 들 수가 없었다. 시험 삼아 책을 펴보려고 했지만 자물쇠를 채운 것처럼, 종이가 다 달라붙어 한덩이가 된 것처럼 펼쳐볼 수도 없었다.

"대체 뭘 어떻게 해야 하는 거지?"

지누는 애지를 돌아보았지만 애지는 자기하고는 상관이 없는 일이라는 듯 고개를 돌려버렸다. 걔 삐치게 한 건 너니까 네가 알아서 해 하는 눈치였다. 그래, 삐친 건지도 모른다. 슬퍼하고, 화내

고 하는 책이니 삐칠 수도 있지. 그러고 보니 아까 잠을 깨운 울음 소리도 이 책이 낸 것인지도 몰라.

지누는 책을 부드럽게 쓰다듬으며 사과했다.

"미안해, 그렇게 대단한 책인 줄 몰랐어."

손 아래에서 책이 약간 꿈틀거린 것 같았다. 마치 손목에서 맥박을 느끼는 것처럼 작고 여린 느낌이었지만. 지누는 옳다구나 했다.

"논리학이 뭔지 잘 몰랐지. 네가 그렇게 대단한 걸 보니까 아주 훌륭한 학문인가봐. 너무 어려워서 난 잘 모르겠지만 말야."

아부가 통한 것 같았다. 그것도 너무 잘 통했다. 책이 가벼워지는 정도를 넘어서 공중에 떠올랐다. 가스가 가득한 풍선처럼 책은 떠올라서 지누 앞에 펼쳐졌다. 거기에는 커다란 글씨로 이렇게 씌어 있었다.

겁먹지 말아줘!
논리는 그렇게 어렵지 않다구!

동화책처럼 덩굴식물의 잎 모양으로 장식이 된 가운데 네온사인처럼 반짝이기까지 하는 글씨였다.

지누는 눈을 깜박거렸다. 효과가 좋아도 너무 좋잖아. 아니, 그전에 이걸 진짜로 믿어야 하는 거야? 이건 꿈치고도 너무 심하잖아. 어쩌면 이 두껍고 어려운 책을 다 읽어야 꿈에서 깰 수 있는 거야? 그거야말로 정말 악몽이네.

책이 소리 내며 탁 접혔다. 그러고는 아래로 떨어졌다. 지누는 얼른 받으려고 손을 내밀었다가 바닥에 엎어졌다. 책에 깔린 두 손이 돌에라도 깔린 것처럼 아팠다. 눈물이 찔끔 났다.

이 책은 마음까지 읽나 보다. 까다로운 데다 눈치도 빠르네. 정말 대단한 괴물이다.

실수였다. 책이 더 무거워졌다.

아니, 내 말은, 아니 내 생각은 네가 정말 대단하다는 거야. 세상에 어느 책이 너처럼 이럴 수 있겠어?

급히 변명한 것이 통했나 보다. 책이 조금씩 가벼워져서 지누는 겨우 일어날 수 있었다. 책은 이제 백과사전 무게 정도가 되어 지누의 손에 들려 있었다.

"지금 당장은 다 못 읽어보지만 천천히 읽어보도록 할게."

책이 한결 더 가벼워졌다. 지누는 그 책을 소중히 품에 안고 복도를 따라 걸었다. 애지가 조용히 뒤를 따라왔다. 지누는 복도 끝까지 가서 문을 열었다.

잠깐! 논리퀴즈

한 남자가 있다. 이 남자의 아버지는 내 아버지의 아들이다. 이 남자는 누구인가? 나는 남자 형제도 여자 형제도 없다.

답__내 아들이다. 형제가 없는 내 아버지의 아들은 나일 수밖에 없다. 문제에서 '내 아버지의 아들'을 '나'로 바꾸면 쉽다. 이 남자의 아버지는 나. 그러니 이 남자는 내 아들이다.

한 남자가 있다. 이 남자의 아들은 내 아버지의 아들이다. 이 남자는 누구인가? 나는 남자 형제도 여자 형제도 없다.

답__내 아버지다. 위의 문제와 마찬가지로 '내 아버지의 아들'을 '나'로 바꾸면 쉽다. 이 남자의 아들은 나, 그러니 이 남자는 내 아버지다.

공원 벤치에 두 사람이 앉아 있다. 한 사람은 어른이고 한 사람은 어린이다. 어린이는 어른의 아들인데 어른은 어린이의 아버지가 아니다. 두 사람은 어떤 관계인가?

답__어른은 어린이의 어머니. 그러므로 두 사람은 모자지간이다.

PART 1 미션 2_ 빨간 모자 파란 모자 문제의 답

일렬로 서 있는 가, 나, 다 세 사람에게 빨간 모자 셋과 파란 모자 둘을 보여준 후 파란 모자 둘을 치우고 모두 빨간 모자를 씌워주었을 경우, 가장 뒤에 있는 다는 맞힐 수 없다. 빨간 모자는 셋이기 때문에 앞의 두 사람이 빨간 모자를 쓰고 있지만 자신도 빨간 모자를 쓰고 있을 가능성도, 파란 모자 둘 중 하나를 쓰고 있을 가능성도 있다고 생각하기 때문이다. 중간에 서 있는 나도 맞힐 수 없다. 나는 앞에 있는 가가 빨간 모자를 쓰고 있다는 것과 뒤에 있는 다가 못 맞혔다는 사실만을 근거로 해서는 자신이 빨간 모자를 쓰고 있는지 파란 모자를 쓰고 있는지 알 수 없다.

가는 맞힐 수 있다. 뒤에 있는 나와 다가 동시에 모른다고 대답하는 경우의 수는 셋 다 빨간 모자를 쓰고 있거나 가만 빨간 모자를 쓰고 있을 경우, 둘밖에 없기 때문이다. 단, 이것은 적당한 추리의 근거만 있다면 셋 다 정확하게 맞힐 수 있다고 가정했을 때 가능하다. 실제로는 적당한 추리의 근거가 주어졌는데도 나와 다가 잘못된 판단을 했을 수도 있기 때문에 그런 가정 하에서가 아니면 가도 모자 색깔을 맞힐 수 없다고 해야 한다.

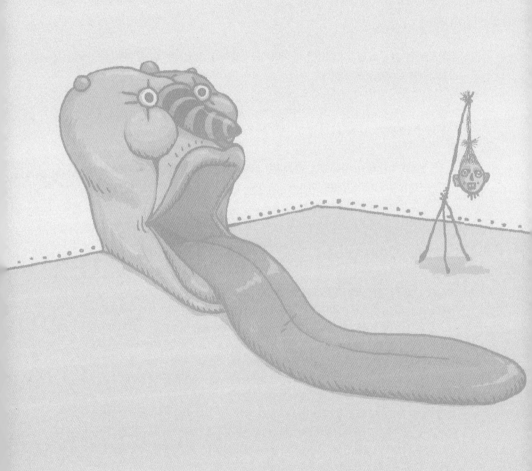

PART
2

함정

위험한 체스

　문 밖은 네모난 방이었다. 가로세로 백 미터인 큰 방도 방이라고
부를 수 있다면 그렇다. 바닥은 가로세로로 사각형이 그려져 있는
데 검은 사각형 다음에 하얀 사각형이 오는 식이었다.

　어디서 본 것 같다.

　지누는 그게 무엇과 비슷한지 금방 알았다.

　"체스판 같네?"

　체스, 서양장기를 말하는 것이다. 하얗고 검은 사각형이 번갈아
나오는 판 위에 왕과 여왕, 비숍과 나이트 등의 말을 움직여서 상
대편의 말을 잡는 게임이다. 끝에는 상대편의 왕을 도망칠 곳이
없게 몰아넣어야 승리한다. 그걸 체크메이트라고 한다.

이렇게 알고 있는 건 지난해 생일에 아빠가 체스판을 선물로 사준 덕분이다. 하지만 친구들 중에 체스를 할 줄 아는 사람이 없어서 아빠하고만 몇 판 하다가 그만뒀다.

지누는 체스판을 연상시키는 그 방으로 걸어 들어갔다.

"말도 있으면 재미있겠다. 이렇게 큰 체스판에서 사용하려면 말도 엄청나게 커야 할 거야."

지누의 혼잣말이 끝나기도 전에 방에 큰 변화가 생겼다. 갑자기 사각형 칸들이 열리더니 지누의 말대로 엄청나게 큰 체스의 말들이 솟아 올라온 것이다. 지누의 세 배 크기는 될 듯한 왕과 여왕, 비숍과 나이트들이었다. 전부 하얀색이었다.

맞은편에도 그런 것들이 나타났다. 단지 그쪽 말들은 검정색이었다.

잠시 놀라고 있던 지누는 말들을 더 자세히 보기 위해 걸음을 뗐다. 그런데 발이 마음대로 움직이지 않았다. 한 걸음을 내디뎠을 뿐인데 지누는 무엇에라도 끌려가듯이 앞으로 한 칸, 대각선으로 한 칸을 콩콩 뛰어서 움직여 갔다.

"뭐야! 이거 왜 이래!"

"체스가 시작된 거야!"

애지의 목소리가 들려왔다. 지누는 애지를 찾아 두리번거렸다. 커다란 말들이 시야를 방해해서 좀처럼 보이지 않았다. 간신히 발견한 애지는 여왕 말에 들어가 있었다.

말 그대로 들어가 있었다. 체스 말 속에 들어가 동그랗게 얼굴만

내민 것 같은 모습이었다.

"왜 그렇게 된 거야?"

애지는 그 우스꽝스러운 모습에도 불구하고 표정 하나 변하지 않고 말했다.

"너는 안 그런 줄 아니?"

그 말에 지누도 자신을 살펴보았다. 어라? 지누의 몸도 체스 말 속에 들어가 있었다. 아니, 몸 자체가 체스 말처럼 변한 느낌이었다. 팔도 없고 다리도 없었다. 둥그런 원통일 뿐이었다. 게다가 머리를 무겁게 누르는 이건 뭐지? 지누는 애써 눈을 올려 머리에 씌워진 게 뭔지 확인했다. 커다란 말의 머리였다. 지누는 체스판의 나이트가 된 것이다.

뭐 이런 황당한 일이 다 있지, 생각할 틈도 없었다. 검은색 폰이 하얀색 폰 자리로 한 칸 움직

여서 침입해왔다. 검은색 폰의 밋밋한 원통 속에서 커다란 주먹이 나오더니 하얀색 폰을 한 대 때렸다. 하얀색 폰은 부서져서 산산조각이 났다.

지누가 원하지도 않았는데 몸이 움직여졌다. 지누는 앞으로 한 칸, 대각선으로 다시 한 칸을 콩콩 뛰어가서 방금 하얀색 폰을 부순 그 검은색 폰의 자리로 들어갔다. 물론 검은색 폰은 그 자리에 그대로 남아 있었다. 지누의 옆구리에서 커다란 창이 튀어나왔다. 창은 검은색 폰을 꿰뚫고 흔들어서 산산조각 내버렸다.

진짜로 지누가 하려고 해서 그렇게 된 게 아니었다. 누군가가 지누를 장기판의 졸처럼, 아니 체스판의 말처럼 움직이고 있는 것 같았다.

저쪽에서도 나이트가 움직였다. 그리고 바로 앞까지 전진해간 하얀색 폰을 방금 지누가 그랬듯이 창으로 산산조각 내버렸다.

지누의 얼굴이 창백해졌다. 이건 장난이 아니다. 단순한 게임도 아니다. 방금은 지누가 적을 잡았으니 망정이지 만약 적이 지누를 잡았다면 지누도 산산조각 날 것 아닌가.

창으로 꿰뚫거나 저 커다란 주먹으로 후려치면…….

지누는 몸을 떨었다. 상상도 하기 싫었다. 누가 지누를 움직이고 있는지 모르겠지만 체스를 잘하는 사람이기를 바랄 뿐이었다.

지누의 바람과는 달리 상대편이 실력이 좋은 모양이었다. 하얀색 말들은 하나씩 둘씩 깨어져 나갔다. 그리고 결국 지누마저 비숍에게 잡혔다.

비숍이 머리에 달린 커다란 십자가를 빼들더니 지누를 후려치려고 했다. 지누는 눈을 감아버렸다.

이대로 죽는 거야? 정말?

지누는 죽지 않았다. 비숍은 십자가를 든 그 자세 그대로 멈춰 있었다. 책이 십자가를 막아주고 있었기 때문이다.

애지가 소리쳤다.

"비숍의 몸을 봐! 문제가 보일 거야. 그걸 맞히면 잡혔어도 네가 이길 수 있어!"

또 문제야?

지누는 비숍의 몸통을 살펴보았다. 거기에는 이렇게 새겨져 있었다.

'신이여, 제 소원을 들어주소서'는 기원문이다.

맞는가, 틀리는가?

알 리가 없잖아.

지누는 애지에게 소리쳐 물었다.

"무슨 말인지 모르겠어! 이걸 내가 어떻게 알아!"

"아까 책에서 봤잖아!"

"다 잊어버렸지!"

잠시 애지의 말이 들려오지 않았다. 그 뒤 다시 들려온 말은 차라리 안 듣는 게 나을 뻔했다.

논리의 미궁을 탈출하라

"그럼 그냥 죽어!"

지누는 뭐 저런 게 다 있나 하고 흘겨보았다. 하지만 애지를 흘겨본다고 위기에서 탈출할 수 있는 건 아니다. 지누는 이번에는 애원하듯 책을 바라보았다. 믿을 건 너뿐이다. 너 알지? 공격을 막는 것만으로도 힘들겠지만 좀 도와주라.

책장이 팔락이며 열렸다. 힘이 모자라서 그러는 게 아닌가 해서 간이 철렁 내려앉았지만 그렇게 펼쳐진 책장에는 이런 문장이 반짝이고 있었다.

기원이란 소원이 이루어지기를 빈다는 뜻이다.

쳇, 가르쳐주려면 답을 가르쳐주지 겨우 힌트냐.

하지만 그 정도 힌트로도 답은 맞힐 수 있었다. 지누가 소리쳤다.

"기원문 맞아!"

비숍의 몸통에 새겨진 그 문장이 지워졌다. 그리고 그 자리에서부터 작은 금이 생기더니 이윽고 비숍은 깨어진 사기그릇처럼 부숴져버렸다. 책이 팔랑거리며 날아올랐다. 마치 부채질을 하며 땀을 식히는 것 같았다.

논리의 미궁을 탈출하라

미션 2
격렬한 전투

하얀색 말은 거의 남지 않았다. 덕분에 지누는 왕을 호위하기 위해 왕의 자리 가까운 곳으로 옮겨졌다. 여왕인 애지는 혼자서 말 열 개 몫이라도 하려는 듯 바쁘게 움직이고 있었다. 순식간에 체스판 끝까지 갔다가 90도로 방향을 틀어 다른 쪽 끝으로 달려가서 검은색 말을 격파하곤 했다.

지누도 몇 번의 전투를 해야 했다. 상대편을 잡아서 쉽게 부순 건 한 번뿐이고 나머지는 다 문제를 푸는 방식으로 이겼다. 책의 도움을 받아서였다.

덕분에 지누는 '비가 오는가?'처럼 의문을 표시하는 건 의문문이고 '아, 비가 오는구나!' 하는 건 감탄문이며 '비가 온다'처럼 사실을 서술하는 문장이 서술문이라는 걸 알았다.

거기서 끝이 아니었다. 논리학의 대상은 오직 서술문뿐인데 서술문에는 참인 서술문, 즉 옳은 정보를 주는 서술문과 거짓인 서술문, 즉 거짓 정보를 주는 서술문이 있다는 것도 알았다. 그리고 서술문에 대해서만 참이냐 아니냐를 따질 수 있지 의문문이나 감탄문에 대해서는 따질 수 없다는 것도 알았다.

처음엔 이해하기 힘들었는데 알고 나니 무척 쉬운 이야기였다. 비가 오느냐고 묻는데 참 거짓이 어디 있겠는가. 하지만 비가 안 오는데 온다고 하면 거짓, 진짜로 비가 오고 있으면 참인 것 아닌가.

그걸 안 다음부터 지누는 연속으로 상대편 말을 부숴가다가 마침내 적의 왕과 마주쳤다. 이쪽은 여왕 즉 애지, 그리고 나이트인 지누만 남았다. 저쪽은 왕과 여왕만 남았는데 여왕은 애지와 대치 중이었다.

문제는 나이트 하나로는 도망치는 왕을 잡을 수 없다는 것이었다. 게다가 이 왕은 얼굴도 있고 말도 했다.

"경은 어느 가문의 기사인가. 제법 솜씨가 좋군. 내가 젊었을 때

논리학에서 서술문만을 다루는 이유 논리학에서 관심을 가지는 문장은 명제로 표현되는 문장이다. 문장의 종류 중에서 명제로 표현되는 것은 서술문이기 때문이다.

논리의 **미궁**을 **탈출하라**

같네. 엇, 그러고 보니 나는 태어났을 때부터 이렇게 늙은 모습이었지. 그러니까 젊었을 때란 없었어. 거짓말을 한 셈이군. 왕은 거짓말을 하면 안 되는데. 아니, 거짓말이야말로 왕의 무기인가?"

말을 할 뿐만 아니라 그것도 아주 많이 했다. 지누는 왕을 잡으러 뛰어다니면서 끊임없이 늘어놓는 왕의 수다를 견뎌야 했다.

"왕의 본질이란 거짓말인가? 아냐. 왕의 본질은 권력이다. 그런데 기사, 자네 본질이라는 말이 무슨 뜻인지 아나?"

물론 모른다. 알고 싶지도 않다. 빨리 당신을 잡고 이 체스판을 벗어나고 싶을 뿐이다. 그렇게 말했더니 왕은 무척 화가 난 듯했다.

한순간 도망도 안 가고 서서는 떠들어대는 것이다.

"본질이란 어떤 것이 그것이기 위해서 반드시 가지고 있어야 하는 성질을 말하는 것일세. 사물의 가장 중요하고 근본적인 성질이지. 그걸로 개념을 정의하는데 거기에는 내포와 외연이 중요하네. 내포와 외연이 뭐냐 하면……."

거의 잡을 뻔했다. 왕이 한참 이야기에 정신이 팔린 틈을 타 지누는 왕 주위를 몇 번 움직여서 한 번만 더 뛰면 잡을 수 있는 위치까지 왔다. 한 번만 더 앞으로 한 칸, 대각선으로 한 칸만 움직이면 왕을 잡는다. 그러면 게임은 끝나고 지누는 이 이상한 체스판에서 벗어날 수 있을 것이다.

그때 애지가 외쳤다.

"조심해! 여왕이 가!"

조심하고 말고 할 시간도 없었다. 지누가 선 자리는 애지가 대치하고 있던 검은색 여왕으로부터 직선으로 이어진 위치였다. 검은

정의 정의에서 정의되어야 할 명사를 피정의항이라 하고, 이 피정의항을 정의하는 명제를 정의항이라 한다. 따라서 정의는 정의항에 의한 피정의항의 규정이라고 말하기도 한다. 논리적 정의는 아리스토텔레스가 공식화한 형식이다. (정의=종차+최근류)

내포와 외연 내포는 하나의 명사가 품고 있는 성질이나 속성을 말한다. 예를 들어 '완구'의 내포적인 의미는 '놀이에 이용되는 장난감' 정도라고 할 수 있다. 이에 비해서 외연은 그러한 성질이나 속성을 갖는 집합 전체를 의미하는 것으로 '인형, 공, 프라모델, 조립식 블록 등등'이라고 표현할 수 있다는 의미이다.

색 여왕이 획 돌아서더니 눈 깜짝할 사이에 지누를 향해 날아왔다.

전속력으로 달려오는 자동차에 치일 뻔했을 때 이런 기분일 것이다. 지누는 앞을 막아선 책 덕분에 간신히 위기를 모면하고 나이트가 된 자신보다도 키가 큰 여왕을 올려다보았다.

여왕의 문제는 얼굴에 새겨져 있었다.

1에 2를 더하면 3이 된다.

2에 1을 더하면 답은 3이다.

1+2=3

2+1=3

3=1+2

이것들은 모두 같은 명제인가?

'명제? 명제가 뭐지? 서술문, 의문문 하다가 갑자기 웬 명제?'

지누는 어리둥절해서 몇 번이고 그 문제를 읽어보았다. 그냥 같은 거라고 하면 될 것 같은데 명제라는 말이 함정 같아서 쉽게 대답할 수 없었다. 먼저 명제라는 말의 뜻부터 알아야 할 것 같았다. 책이 펼쳐졌다.

명제(命題)란 서술문에서 공통적으로 인정할 수 있는 내용을 말하며 추론의 기본적인 단위가 된다.

눈이 핑핑 돌아갈 것 같았다. 분명히 한국말이긴 한데 도대체 뜻

함정(트랩) 지질학에서는 유전이 형성되어 있는 곳을 가리키며, 배수관의 U자 모양도 트랩이라 한다. 전쟁에서는 위장 폭탄을 부비트랩이라고 하며 게임에서는 함정을 의미한다.

논리의 미궁을 탈출하라

이 머리에 들어오지 않는다. 그래. 생각해보니 미노타우로스의 문 앞에서도 외워서 대답한 단어다. 하지만 그게 대체 뭔데? 도대체 '서술문에서 공통적으로 인정할 수 있는 내용'이라는 게 뭐지?

책은 이번에는 힘이 부치는지 점차 밀리고 있었다. 여왕의 둥글고 표정 없는, 사실은 표정뿐 아니라 눈도 코도 없는 얼굴이 지누에게 다가오고 있었다. 그대로 부딪치면 기어코 지누도 산산조각 날 것 같았다. 지누는 책에게 외쳤다.

"조금만 더 힘을 내줘! 그리고 조금만 더 쉽게 가르쳐줘!"

목숨이 걸린 문제다. 시험공부라면 이렇게까지 안 했을 것이다. 하지만 지금은 저 달걀귀신처럼 생긴 여왕에게 부딪혀 체스판의 말이 된 채로 인생을 끝내게 생겼다. 아직 제대로 시작해보지도 못한 인생 아닌가.

책이 위로하는 듯 부드러운 빛으로 반짝이며 문장을 토해놓았다.

겁먹지 말아줘! 논리는 그렇게 어렵지 않다구!

'안 어렵긴 뭐가 안 어려워. 어려워 죽겠구먼.'

지누는 속으로 그렇게 생각하긴 했지만 티는 안 내려고 노력했다. 책이 다음 문장을 내놓았다.

지금까지 배워온 게 바로 그거예요. 서술문의 내용. 참이냐 거짓이냐를 가리는 바로 그 내용.

여전히 알쏭달쏭하다. 책이 더 이상 못 버티겠는지 파란색으로 변했다. 죽을 힘을 내고 있다는 느낌이 전해져왔다. 그러더니 결국 결정적인 힌트를 보여주었다.

1에 2를 더하면 3이 된다. 2에 1을 더하면 답은 3이다.

1+2=3

2+1=3

3=1+2

공통적인 게 뭐죠? 순서와 모양만 다르지 결국은 1 더하기 2는 3이라는 거잖아요. 그 내용이 명제예요. 서술문에서 공통적으로 인정할 수 있는 내용.

지누는 입을 벌렸다. 하지만 말은 하지 않았다. 알았다고 기쁨의 환성을 질러야 할지도 모른다. 하지만 지금은 대답부터 해야 할 때다. 지누는 외쳤다.

"같은 명제 맞아!"

그 무섭던 여왕이 사기그릇처럼 부숴져버렸다. 지누는 한숨을 내쉬고 투덜거렸다.

"알고 보니 이렇게 쉬운 내용을 왜 그렇게 어렵게 말하는 거야?"

책도 한숨을 내쉬듯 크게 팔락거리고는 지누의 코앞에 다가들었다. 열린 책장 속의 문장이 이렇게 반짝였다.

알고 나니 쉬운 거지 처음부터 쉬운 건 아니죠.

위로하듯 부드러운 빛에서 이젠 은가루처럼 번쩍이는 빛으로 바뀌었다. 책이 잘난 척하고 있는 것이다. 지누는 핀잔을 주려다가 얼른 마음을 고쳐먹고 책을 향해 고개를 숙였다.

"그래, 알았어. 고마워."

책은 꼬리 치는 강아지처럼 가볍게 떨더니 소리 없이 책장을 닫았다. 지누는 다시 왕을 잡기 위해 뛰려고 했다. 그때 애지가 왕을 쳐서 부숴버렸다. 그리고 지누와 애지는 다시 원래의 모습으로 돌아왔다.

질문하는 입

체스판의 방 건너편, 그러니까 지누와 애지가 들어온 문 반대편에는 또 다른 문이 있었다. 하지만 그냥 문이 아니라 미노…… 뭐더라. 그래, 미노타우로스의 문처럼 생긴 또 하나의 문이 있었다. 지누와 책, 그리고 애지의 앞에는 커다란 입이 조각된 석문이 서있었다. 미노 뭐라는 문처럼 제대로 괴물 모습이 조각된 문이 아니라 단지 그냥 커다란 입, 너무나 커서 징그러워 보이는 입술 사이로 커다란 혓바닥이 비어져 나와 복도 바닥까지 흘러나와 있는 모습이 조각된 문이었다.

체스가 끝나서 자유롭게 된 기쁨도 잠시, 지누는 앞에 나타난 새로운 적에게서 두려움을 느꼈다.

"이건 또 뭐지?"

애지가 대답했다.

"질문하는 입. 정답을 말하면 삼킨대."

"엥? 그럼 틀린 답을 말하면?"

"그때도 삼킨다지 아마."

"그게 뭐야! 그런 게 어딨어!"

말도 안 된다. 정답이면 열어주거나 해야 할 거 아냐. 맞거나 틀리거나 삼켜버린다니. 애지가 말했다.

"삼킨 뒤가 다르대."

"어떻게?"

"정답을 말하면 삼켜서 문 뒤로 보내준다나 봐. 틀린 답을 말하면……"

"말하면?"

"듣고 싶어?"

무시무시한 목소리였다. 지누는 오싹해져서 몸을 떨었다. 듣고 싶지 않았다. 하지만 겁먹었다는 소린 더 듣기 싫다.

"말해봐."

"정말?"

"말해보라니까."

"무시무시한 곳으로 보내진대."

"무시무시한 곳이 어딘데?"

"그건 나도 몰라."

"모르는데 무시무시한 줄은 어떻게 알아!"

"모르지만 무시무시한 줄은 알아! 한 번 갔던 사람은 다시는 가고 싶어 하지 않거든."

지누는 더 따지고 들려다가 애지의 말이 뜻하는 다른 사실을 깨닫고 눈을 반짝였다.

"그럼 나 말고도 여기 왔던 사람이 있단 말야? 그게 누군데?"

애지는 입을 다물어버렸다. 정말 조가비처럼 단단하게 다물어서

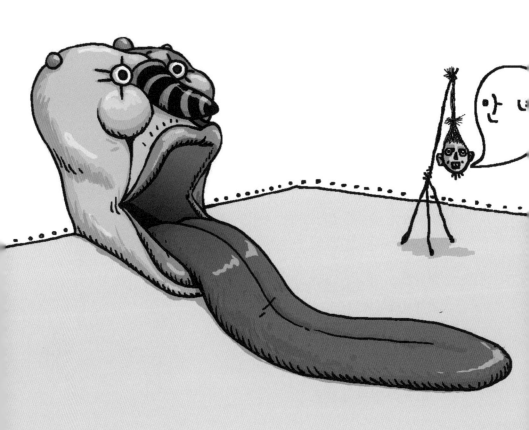

그 입을 열려면 지렛대라도 사용해야 할 것 같았다.

"쳇, 말하기 싫으면 말아라! 그런 거 하나도 안 궁금하다."

사실은 굉장히 궁금했지만 지누는 포기하고 문을 향해 다가갔다.

"근데 문제는 누가 낸다는 거야?"

애지가 한 걸음 앞을 가리켰다. 지금 서 있는 석판보다 약간 높게 솟아 있는, 문에서 흘러나와 있는 혓바닥 위였다. 조가비처럼 단단하게 닫혀 있던 애지의 입이 열렸다.

"준비됐으면 저기 올라가봐. 그럼 문제가 나온대."

듣고 싶은 말은 않고 하고 싶은 말만 하는 계집애라고 지누는 속으로 투덜거렸지만 입 밖에 내지는 않았다. 하지만 퉁명스러워지는 건 어쩔 수 없었다.

"먹기 좋게 혀 위로 올라가라는 거야?"

"안 그러면 여기 그냥 계속 서 있든지."

지누는 망설였다. 하지만 어쩔 도리가 없다. 문을 통과하기 위해서는 문제를 해결해야 한다. 대체 이런 상황이 왜 만들어진 거야.

"문제가 영어로 뭔지 알아?"

애지가 엉뚱한 질문을 했다. 나도 그 정돈 안다. 요즘 좀 안 해서 그렇지 작년까진 공부 꽤 한다고 소문났던 지누다.

"problem."

발음도 괜찮지? 학원까지 다니며 영어 공부를 했다구.

안타깝게도 애지는 발음 같은 것에는 관심이 없는 듯 자기 하고 싶은 말만 했다.

"그거 원래는 그리스어 problema에서 온 단어야. 그리스어에서 pro는 앞이라는 뜻이고 blema는 던져진 것이라는 뜻이래. 그러니까 영어로 문제라는 건 '앞에 던져진 것'이라고 풀이할 수도 있어."

"그래서?"

이 상황에 웬 어원 풀이냐.

"문제란 앞에 던져진 것이라는 거야. 좋건 싫건 네 앞에 던져져서 앞을 가로막고 있는 게 문제야. 해결하지 않으면 지나갈 수가 없겠지. 바깥세상도 마찬가지야. 알고 보면 인생 자체가 문제풀이나 다름없어."

어, 이번엔 인생이 어쩌고저쩌고 교훈의 말씀이냐? 나보다도 어려 보이는 것이 건방지게.

지누는 애지를 한 번 노려보았다. 하지만 애지는 할 말만 다 하고 모르겠다는 듯 다시 조가비처럼 입을 다물어버렸다.

다시 결단의 때다. 지누는 망설이고 망설이다 더 이상 망설일 수 없다고 판단하고 혓바닥 위로 올라갔다. 유일한 아군인 책을 옆구리에 단단히 낀 채로.

쩌~억!

입이 열렸다. 지누는 꺄악 비명을 질렀다. 금방이라도 입이 지누를 삼켜버리는 줄 알았던 것이다. 하지만 아무 일도 없었다. 지누는 조심조심 눈을 떴다. 어두운 구멍이 보였다. 혓바닥이 길게 이어지다가 암흑 속으로 사라지는 게 보였다. 이 괴물의 목구멍 같았다. 지누는 주저앉았다. 높은 곳에 올라간 것처럼. 발을 잘못 디디기만 해도 그 목구멍 속으로 굴러 들어가버릴 것 같았다.

그때 어디선가 목소리가 들려왔다.

천사와 악마가 사는 곳이 있다. 천사는 진실만 말하고 악마는 거짓만 말한다는 차이가 있지만 겉보기에는 구별할 수 없다. 이곳에서 길을 잃었는데 아무래도 누군가에게 물어봐야 할 것 같다. 물론 올바른 길을 찾기 위해서는 진실을 말하는 천사에게 물어보는 게 좋을 것이다. 가, 나, 다, 세 명이 있다. 모두 천사일 수도 있고 모두 악마일 수도 있다. 혹은 섞였을 수도 있다. 가에게 물었다. 당신은 천사입니까, 악마입니까? 가가 뭐라고 대답했지만 발음이 분명치 않아 못 알아들었다. 나에게 물었다. 가가 뭐라고 했습니까? 나가 대답했다. 가는 자신이 악마라고 했습니다. 그때 옆에 있던 다가 말했다. 나가 방금 한 말은 거짓말입니다. 이 대화를 통해 나와 다의 정체를 알 수 있다. 추리해보라.

"뭐라고?"

지누는 누가 말을 했나 주위를 두리번거렸다.

천사와 악마가 사는 곳이 있다. 천사는 진실만 말하고 악마는 거짓만 말한다는 차이가 있지만 겉보기에는 구별할 수 없다. 이곳에서 길을 잃었는데 아무래도 누군가에게 물어봐야 할 것 같다. 물론 올바른 길을 찾기 위해서는 진실을 말하는 천사에게 물어보는 게 좋을 것이다. 가, 나, 다, 세 명이 있다. 모두 천사일 수도 있고 모두 악마일 수도 있다. 혹은 섞였을 수도 있다. 가에게 물었다. 당신은 천사입니까 악마입니까? 가가 뭐라고 대답했지만 발음이 분명치 않아 못 알아들었다. 나에게 물었다. 가가 뭐라고 했습니까? 나가 대답했다. 가는 자신이 악마라고 했습니다. 그때 옆에 있던 다가 말했다. 나가 방금 한 말은 거짓말입니다. 이 대화를 통해 나와 다의 정체를 알 수 있다. 추리해보라.

똑같은 목소리가 다시 들려왔다. 이제 확실히 알겠다. 저 목소리는 이 끔찍하게 크고 깊은 목구멍 속에서 나오고 있었다. 하지만 괴물 목소리 같지 않고 오히려 9시 뉴스 진행하는 앵커 아저씨 목소리처럼 또렷했다. 하긴, 저렇게 긴 문제를 제대로 못 알아듣게 내면 맞힐 방법이 없지.

지누는 침을 꿀꺽 삼키고 말했다.

"잘 못 들었다. 다시 한 번 말해…… 주세요."

당당하게 대응할 생각이었는데 마지막에 그만 용기가 꺾여서 존대를 붙이고 말았다. 문은 조금 전과 조금도 다르지 않은 목소리로, 똑같은 내용을 말해주었다.

지누는 곰곰이 생각에 잠겼다. 이번에도 수수께끼잖아. 게다가 거짓말쟁이, 참말쟁이 수수께끼는 흔하게 돌아다니는 거였다. 침

논리의 **미궁**을 **탈출하라**

착하게 생각하면 얼마든지 풀 수 있어.

천사는 진실만, 악마는 거짓만 말한다고 했지. 누가 천사고 누가 악마인지 알아내려면 누가 거짓말을 하고 누가 참말을 하는지 알면 되지. 가만, 가는 문제가 아니고 나와 다만 알아내면 된다고? 나와 다가 뭐라고 했더라?

지누는 한 번 더 말해달라고 부탁했다. 똑같은 목소리가 똑같은 내용을 다시 말해주었다.

애지가 경고했다.

"열 번까지만 다시 말해줄 거야. 그 다음엔 대답이 없거나 대답했어도 틀렸으면 꿀꺽."

얄미운 계집애. 열 번까지 갈까 보냐. 나가 가가 한 말을 되풀이해줬지. '가는 자신이 악마라고 했습니다.' 이게 진실일까 거짓일까. 그걸 어떻게 알지? 다는 '나가 방금 한 말은 거짓말입니다'라고 했지. 이건 진실일까 거짓일까.

지누는 곧 답을 알아냈다. 그러곤 그 답이 정확한지 확인하기 위해 몇 번이나 거듭해서 다시 생각해보고, 더 들을 필요가 없는데도 입에게 한 번 더 문제를 말해달라고 부탁했다. 그리고 답을 말했다.

틀렸다! 정답은 83쪽

틀리고야 말았다!

혓바닥이 슈루룹 소리를 내며 지누를 감아 목구멍 속으로 끌어들이더니 꿀꺽! 소리를 내며 삼켜버렸다. 애지 말대로였다. 하지

만 지금 지누는 그런 생각을 할 때가 아니었다. 비명을 지르기에
도 바빴으니까.

아아아아아아아아아아악~!

목구멍 속의 어둠이 지누를 삼켜버렸다.

기차 한 대가 서울에서 부산으로 출발했다. 한 시간 후에 또 다른 기차 한 대가 부산에서 서울로 출발했다. 두 기차가 똑같은 속도로 달리고 있다면 두 기차가 만났을 때 부산에 더 가까이 있는 기차는 어느 것인가?

답__일반적으로 알려진 답은 두 기차가 만났을 때 두 기차는 거기가 어디든 같은 위치에 있으므로 두 기차와 부산 간의 거리는 같다는 것이다. 그러므로 부산에 '더' 가까이 있는 기차는 없다.

하지만 조금 더 세심하게 생각한다면 두 기차가 만났을 때의 기준에 따라 답은 달라질 수도 있다는 것을 알 수 있다. 두 기차가 완벽하게 나란히 있을 때가 아니라 앞머리가 교차하는 순간을 만났을 때라고 한다면, 그리고 부산으로부터의 거리는 기차의 뒷부분을 기준으로 한 거리라고 한다면, 부산에서 출발한 기차가 더 가까이 있을 것이다.

PART 2 미션 3_ **천사와 악마 문제의 답**

천사는 진실만을 말하고 악마는 거짓만을 말한다고 했을 때 가가 무엇이라고 말했는지는 알 수 없지만 결코 자신이 악마라고 말하지는 않았을 것이다. 가가 천사라면 진실대로 자신은 천사라고 했을 것이고, 가가 악마라면 거짓만을 말하기 때문에 역시 자신은 천사라고 말했을 것이다. 그런데 나는 가가 자신이 악마라고 말했다고 했으므로 거짓말을 한 것이다. 그래서 나는 악마. 다는 나가 거짓말을 하고 있다는 진실을 밝혔으므로 천사.

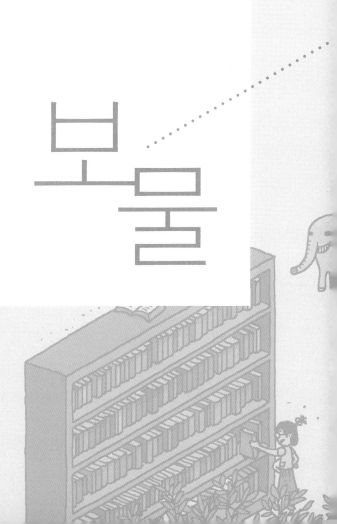

PART
3

보물

미션 1

쥐라기 공원

지누는 책장에 기댄 채 잠들어 있다가, 아니 정신을 잃고 있다가 깨어났다. 여기는 어디지? 지금 몇 시나 됐지? 학교 안 가도 되는 날, 오랜만에 한가한 낮잠을 자다가 깨어난 것처럼 몽롱한 정신으로 그런 생각을 하다가 하나 둘씩 기억이 돌아왔다.

앗, 드디어 꿈에서 깬 건가?

지누는 반가워하며 일어났다. 불편한 자세로 자는 바람에 온몸이 뻐근했지만 중요하지 않았다. 그 지겹고 괴로운 악몽에서 깨어났다면 다 좋은 거지, 뭐. 오랜만에 이상한 개꿈을 다 꿔봤네 하고 웃어버리면 그만이잖아.

하지만 꿈은 아직도 지누를 잡고 있는 것 같았다. 혹은 질긴 미련의 흔적을 남기고 있는 건지도 모른다. 지누가 자고 일어난 자리에는 꿈에서 보았던 책, 날아다니고 말하고 토라지던 그 논리학 책이 놓여 있었다. 기대고 잤던 책장은 삼촌의 낡은 창고에 있을 수 없는 단단하고 고급스런 나무로 만들어진 책장이었다. 마치 도서관의 서고에서 보듯이 끝없이 이어진 책장들의 행렬도 여전했다.

다시 처음부터 시작하는 거야? 애지도 없이?

꿈은 더 심한 악몽으로 가고 있는 듯했다.

콰아악~!

말로 표현하기 힘든 괴성이 책장들을 흔들었다.

쿵! 쿵!

공룡이 걸어가면 이런 소리가 날까? 소리가 들려올 때마다 지누가 디디고 선 바닥이 들썩였다.

이게 대체 무슨 일이지?

지누는 사방을 둘러보았다. 무서운 것이 보였다. 커다란 그림자가 책장들 위로 드리우고 있었다. 커다란 입과 이빨들, 작은 앞발, 그건 공룡의 그림자였다. 지누가 그림에서 본 티라노사우루스 렉스의 모습과 비슷했다. 서고에 웬 공룡이냐고 말하고 싶지만 그런 게 보이는데 어쩌겠는가. 게다가 그건 움직이고 있었다.

지누는 책장 뒤로 몸을 숨겼다. 영화나 책으로 볼 때나 공룡 이

티라노사우루스 렉스 백악기에 살았던 대표적인 육식 공룡이다. 크기는 대략 17m, 몸무게는 7톤 정도로 추정된다.

야기는 그냥 재미있는 이야기일 뿐이다. 하지만 그런 게 실제로 옆에서 어슬렁거리고 있으면 지누처럼 하는 게 현명하다. 안 그러면 어떻게 될지 상상만 해도 끔찍하다.

그런데 지누처럼 해도 문제는 있었다. 공룡이 한 마리가 아닌 경우다. 역겨운 냄새가 나는 숨결이 지누의 볼에 훅 끼쳐왔다. 지누가 돌아보았을 때 거기에는 티라노사우루스보다는 작지만 영화에서 충분히 그 무서움을 알게 된 작은 공룡 벨로시랩터가 서 있었다. 노란 눈에 커다란 입. 그 입에는 날카로운 이빨이 촘촘히 박혀 있었다.

"아아아아아아아아아악~!"

지누는 비명을 질렀다. 찢어지는 비명이라고 흔히 표현되는 그런 비명이다. 안 그럴 수 없었다. 지금 지누의 머릿속에는 자신이 갈가리 찢겨 벨로시랩터에게 먹히고 있는 장면이 생생하게 떠오르고 있었으니까.

벨로시랩터의 뒤에 한 사람이 나타났다. 그는 커다란 책을 들고 있었는데 그걸 펼쳐서 벨로시랩터의 머리에 얹었다. 벨로시랩터가 사라졌다.

> 벨로시랩터 역시 백악기에 살았던 육식 공룡으로 몸집이 그다지 크지 않고, 덩치 큰 개(犬) 정도 되는 것으로 알려져 있다. 벨로시랩터벨로키랍토르 몽골리엔시스의 경우는 라틴어의 벨로키와 랍토르도둑, 약탈자, 맹금류의 합성어이고, 종명 몽골리엔시스는 발굴된 지역이 몽골임을 뜻한다.

지누의 비명은 벨로시랩터가 사라진 후에도 잠시 동안 이어지다가 중단되었다. 비명을 내보내던 그 입에서 의문에 찬 한마디가 나왔다.

"삼촌?"

삼촌이었다. 통으로 이어지는 가운 비슷한 걸 입고, 머리에는 마법사들이 쓴다는 삼각 모자를 쓰긴 했지만 분명 그 얼굴은 삼촌이었다. 그런데 삼촌은 무슨 소리냐는 듯 어리둥절해하며 묻고 있었다.

"넌 누구냐? 왜 여기 있지?"

그걸 알면 지누도 좋았을 것이다. 대답할 말이 없었다. 삼촌이 재우쳐 물었다.

"누구냐니까? 도서관엔 어떻게 들어왔지?"

"여기가 도서관인가요?"

"도서관이지. 세상의 모든 것 도서관이다. 넌 그것도 모르고 여기 왔단 말이냐?"

"세상의 모든 것 도서관?"

"그래, 그게 우리 도서관 이름이다. 세상의 모든 것이 담겨 있다고 해서 세상의 모든 것 도서관이지. 난 도서관을 관리하는 사람, 도서관장이면서 동시에 사서다. 애칭으로 그냥 페이지 마스터라고 하지."

"그게 어디에 있는 건데요?"

삼촌처럼 보이는 그 사람, 자칭 세상의 모든 것 도서관장이자 사서이며 애칭으로 페이지 마스터라고 불리는 사람은 별 이상한 질문을 다 들어본다는 듯 바라보다가 말했다.

"여기가 바로 거기라니까."

"아니, 제 말은……."

지누는 뭐라고 질문해야 정확한 답을 들을 수 있는지 잠시 생각한 뒤 말했다.

"여기 이 도서관 있는 곳이 서울인지, 아니면 부산인지, 그도 아니면 다른 곳인지 묻고 있는 거예요."

이 정도면 꽤나 정확하게 물었다고 생각했는데 삼촌처럼 보이는……, 줄여서 말하자면 페이지 마스터는 충격이라도 받은 것처럼 눈을 휘둥그레 뜨며 말했다.

"서울? 부산? 그런 곳에 왜 있겠니. 여긴 그냥 여기다. 도서관 자체야. 네가 묻는 방식대로 말하자면 그 어디에도 없고, 단지 여기에만 있는 곳이다."

지누는 머리를 움켜쥐었다. 역시 아직 꿈속이다. 이상한 세상은 여기까지 이어져 있었다. 삼촌을 닮은 이상한 사람이 있는 이상한 도서관에 온 것이다.

페이지 마스터가 말했다.

"넌 아직 네가 누군지, 어떻게 여기에 왔는지 대답하지 않았다. 나는 너와는 달리 아주 친절하게 대답해주었는데 말이다."

지누는 자신이 겪은 일을 자세히 말해주었다. 페이지 마스터는 조용히 듣고 있다가 알겠다는 듯 고개를 끄덕였다.

"알겠다. 넌 저 책에서 빠져나왔구나."

페이지 마스터가 논리학 책을 가리켰다. 지누는 고개를 저었다.

"저건 제가 들고 다니던 책인데요?"

"네가 그걸 소유하고 있을 때 저 책도 동시에 너를 소유하고 있었던 거야. 책은 그 속에 내용을 담고 있지만 그 내용이 책을 규정하고 있기도 하잖니."

무슨 소린지 알 수 없는 말이었다.

페이지 마스터가 말했다.

"세상은 하나의 커다란 도서관이기도 하다는 이야기다. 그 속에서 사는 사람들, 동물들, 나라들, 건물들, 그런 세상의 모든 것이 담겨 있는 커다란 도서관 말이다. 사람은 한 권의 책이라고 할 수 있지. 인생이라는 내용을 적어가는 공책이기도 하고. 다른 사람들은 너를 만나면서 너라는 책 속에 적힌 내용들을 읽어가는 거라는 생각은 안 드니? 네가 나쁜 일을 많이 하면 사람들은 네 속에서 그 기록들을 볼 수 있겠지. 널 보고 나쁜 사람이라고 할 거야. 반대로 네가 좋은 일을 많이 하면 슬쩍슬쩍 그 내용이 보이겠지. 그럼 너를 좋은 사람이라고 할 테고. 이해가 안 되냐?"

조금 알 것 같았다. 지누는 고개를 끄덕였다. 페이지 마스터가 기특하다는 듯 머리를 쓰다듬어주고 나서 계속 말했다.

"넌 방금 논리학 책 속에서 헤매고 있었던 거야. 그러다가 그만 밖으로 떨어져버린 거지. 아까 그 벨로시랩터처럼, 저기 저 티라노사우루스처럼 말이다."

티라노사우루스라는 소리를 듣자마자 지누는 고개를 돌렸다. 거대한 공룡이 입을 벌리고 막 그들을 물어뜯으려 하고 있었다.

다시 한 번 비명이 목구멍 밖으로 튀어나오기 직전에 페이지 마스터가 들고 있던 책을 티라노사우루스의 코 위에 얹었다. 티라노사우루스가 사라졌다.

지누가 물었다.

"그 책은 마법 책인가요?"

"그냥 책이다. 공룡 책이지."

페이지 마스터는 책을 펼쳐서 보여주었다. 티라노사우루스 등이 그려져 있는 《공룡백과》라는 제목의 책이었다.

"그럼 저도 논리학 책으로 돌아가야 하는 건가요?"

"아마 그렇겠지."

"저희 집으로, 아니 저희 삼촌 댁으로 바로 돌아가는 책은 없나요?"

"글쎄, 그런 건 없는 것 같다."

지누는 화가 났다.

"세상의 모든 것이 있는데 왜 그것만 없나요?"

페이지 마스터는 얼굴을 찌푸렸다. 화가 났나 했더니 그게 아니라 고민스러운 표정이었다.

"누군가가 써주지 않으면 당연히 책에는 없지. 요즘은 쓰는 사람도 적고 읽는 사람도 적어서 문제다. 도서관에 들어오는 책이 줄고 있어."

그는 지누의 어깨를 토닥였다.

"너희 집이나 삼촌 집도 그렇게 누군가가 써주기를 기다리고 있는 중인지도 모른다. 이를테면 네가 커서 지금 겪은 일을 쓰게 되면 너희 집도, 너희 삼촌 집도 책 속에 들어가게 되는 거지. 그 전에는 넌 네가 나온 곳으로 다시 돌아가야 해. 저 논리학 책 어딘가에 너희 삼촌 집으로 돌아가는 길이 있을 테

니까."

그건 밖에 나가서나 가능한 이야기였다. 지누는 왜 우리 가족 이 야기를 아무도 쓰지 않았는지 원망스러운 마음이 들었다. 《행복한 우리 집》같은 제목으로 쓸 수도 있었잖아. 아니, 행복한 우리 집이 었던가? 이곳으로 오기 전에는 불행한 우리 집이라고 생각하고 있 었잖아. 하지만 여기보다는 훨씬 행복했지. 골치 아픈 문제에 함정 따위나 있는 이곳보다는 백 배, 천 배 나아.

페이지 마스터가 논리학 책을 펼쳐들고 말했다.

"지금 다시 가줄래? 난 책 정리도 해야 하고 바빠서 널 보살펴줄 수 없거든. 혼자 둘 수도 없고."

애들은 책을 더럽힐지도 모른다는 소리는 낮게 흐리며 말했지 만 지누 귀에 다 들렸다. 쳇, 가준다 가줘. 가면 되지.

문득 지누는 좋은 방법을 생각해냈다.

"그럼 다른 책에 들어가면 안 되나요? 어렵고 딱딱한 논리학 책 말고 재미있는 이야기 책 같은 곳으로요. 만화책이나."

페이지 마스터가 말했다.

"물론 가능하지. 여기 이 책에 들어가볼 테냐?"

그러면서 페이지 마스터가 꺼내든 것은 전쟁 소설이었다. 책장 을 펴자 대포 소리가 나고 대포알이 튀어나왔다. 지누는 하마터면 그 대포알에 맞을 뻔했다. 페이지 마스터가 재빨리 잡아서 책 속 으로 도로 던져넣지 않았으면. 게다가 끔찍한 비명 소리가 쉴 새 없이 나오고 있었다.

지누는 고개를 설레설레 저었다. 영화로 보는 거라면 몰라도 실제 전쟁터 속에 서 있고 싶진 않아.

페이지 마스터가 다른 책을 꺼냈다. 유명한 소설《해리 포터》였다. 지누는 반갑게 고개를 끄덕였다.

"예, 들어갈래요."

마법학교에 입학해서 퀴디치 월드컵에 출전하고 그러면 재미있을 거야. 어, 잠깐. 하지만 난 동양인이고 거긴 영국이잖아. 게다가 걔들은 마법사들이지만 난 평범한 인간, 걔들이 머글이라고 부르는 인간이잖아. 머글 취급 받고 싶진 않아.

지누는 페이지 마스터가 책을 뒤집어씌우기 직전에 손을 흔들었다.

"아뇨, 아뇨. 거긴 안 갈래요!"

페이지 마스터는 이제 귀찮다는 표정으로 말했다.

"빨리 결정해라, 얘야. 아, 한 가지 경고할 건 이런 식으로 다른 책에 들어가면 넌 다시는 원래 있던 세상엔 못 돌아간다. 그 책에서 빠져나오는 방법이 없는 건 아니지만 아주 어렵거든."

그럼 엄마 아빠를 두 번 다시 못 만난다는 뜻이다. 그래서야 되나. 지누는 논리학 책으로 돌아가기로 했다. 페이지 마스터가 논리학 책을 지누의 머리에 뒤집어씌웠다. 그런데 아무런 변화가 없었다. 페이지 마스터는 이상하다는 듯 고개를 갸우뚱거리더니 다시한 번 시도했다. 여전히 지누는 그 자리에 서 있었다.

페이지 마스터는 '아' 하고 탄성을 내뱉더니 지누에게 말했다.

"미안하지만 넌 책으로 다시 못 들어가겠구나."

지누는 놀라서 물었다.

"어, 왜요?"

"글쎄, 그건 말이다."

페이지 마스터는 뭐라고 설명해야 좋을지 모르겠다는 듯 고민하는 모습을 보이더니 한참 만에야 겨우 입을 열었다.

"다른 것들, 그러니까 아까 본 공룡들은 실수로 책에서 빠져나온 것이거든. 하지만 넌 책에서 쫓겨난 거야. 그래서 돌아갈 수 없는 거지. 책이 안 받아들이고 있단 말이다."

"그럼 어떻게 해야 하죠?"

"다른 책으로 들어가거나……, 아니면 여기 그냥 남아서 심부름이나 하며 살거나. 가령 청소와 책 정리를 도와준다거나 하면 그냥 여기 남아 있게 해주마."

지누는 끔찍한 표정이 되어 사방을 둘러보았다. 끝이 보이지 않을 정도로 넓었다. 여길 다 청소하려면 평생, 늙어 꼬부랑 할아버지가 될 때까지 해도 안 될 게 분명했다. 무엇보다 그렇게 살고 싶진 않다. 엄마 아빠에게 돌아가고 싶다. 그러려면 논리학 책에 다시 들어가야 했다.

지누는 애가 달아 눈물까지 글썽이며 말했다.

"어떻게 거기 다시 들어갈 방법이 없나요?"

페이지 마스터는 고개를 갸우뚱거리더니 책을 펴고 무어라 낮게 속삭였다. 마치 책과 대화를 하는 듯한 모습이었다. 한참 그렇게 이야기를 하더니 페이지 마스터가 책에서 얼굴을 떼고 지누에게 말했다.

"한 문제를 틀렸으니 다른 문제를 맞히면 들여보내 주겠다는구나."

"어떤 문젠데요?"

문제는 이랬다.

200km 떨어진 곳에서 출발한 두 기차가 정확히 시속 50km로 서로를 향해 달려가고 있다. 이때 파리 한 마리가 시속 75km로 두 기차 사이를 왕복한다고 했을 때, 두 기차가 충돌하는 사이에 끼여 죽기까지 날게 될 거리는 얼마인가?

지누는 뛸 듯이 기뻐했다. 처음 보는 문제였다면 당황했을 것이다. 하지만 이건 친구에게 이미 들었던 문제다. 어떻게 푸는지도 알고 있다. 지누는 속으로 검산해보고 자신 있게 답을 말했다.

"맞았어!" 정답은 126쪽

페이지 마스터가 논리학 책을 펴서 지누의 머리에 씌웠다.

미션 2
정답의 대가

　도서관이 사라졌다. 대신 글자와 기호가 가득 흐르는 통로 같은 곳을 따라 지누는 날아가고 있었다. 그러다가 바로 헛바닥 앞에 내려섰다.

　지누는 실망해서 외쳤다.

　"겨우 돌려보내준 게 아까 그 자리냐!"

　"아까 그 자리는 아냐."

　애지가 옆에 있었다. 지누는 애지를 보았다. 사람이 죽다 살아서 돌아왔으면 반가운 척이라도 좀 해라. 하지만 애지는 전혀 그런 빛이 없었다. 그래, 기대한 내가 바보지. 지누가 물었다.

　"여긴 어디야?"

애지가 대답했다.

"방."

"무슨 방?"

"문이 있는 방."

문이 있는 방? 그럼 문 없는 방도 있나? 그게 방이라는 공간에 대한 제대로 된 설명이냔 말이다. 지누는 자기도 모르게 철학자 같은 까다로운 태도로 의문을 제기하며 주변을 둘러보았다.

애지 이상으로 설명할 방법이 없는 방이었다. 방 한쪽 벽면을 완전히 차지하는 문이 있었다. 아까 보았던 것과 똑같이 생긴 커다란 입이 달려 있는 문, 내밀어진 혓바닥이 방바닥 반을 차지하고 있는 문이었다. 그 나머지 반은 방이라고 부르기도 뭣한 텅 빈 공간이었다.

하지만 이것을 방이라고 부르지 않으면 달리 부를 말이 없다. 결국 애지 말대로 문이 있는 방인 것이다.

지누가 울상이 되어 말했다.

"또 입이 있네?"

입이 있다는 건 또 문제가 있다는 것과 마찬가지다.

"저 입을 통과하면 다른 곳으로 갈 수 있겠지."

애지는 잠깐 말을 멈추었다가 의미심장하게 한마디 더 했다.

"네가 다음 문제도 맞히면 말야."

지누는 한숨을 내쉬었다. 어린애가 자꾸 한숨을 쉬면 안 되는 거라지만 이런 상황에서 안 그럴 수 있나. 문제에 문제, 또 문제. 문제에 깔려 죽을 지경이다. 실제로 틀리면 호된 경험을 하게 된다.

"하는 수 없지."

그래. 집으로 돌아가려면 하는 수 없다.

애지가 손을 내밀었다. 책이 들려 있었다. 지누는 조심스럽게 받아들었다. 아까 지누를 거절한 바로 그 책일지도 모른다고 생각하니 밉기도 했지만 잘못 보이면 영원히 쫓겨날지도 모른다. 조심스럽게 다룰 수밖에 없었다.

지누는 방 안의 침묵을 깨기 위해 소리 내어 말하고는 혓바닥 위에 올라갔다.

"이번에는 무슨 수수께끼를 내려나."

입이 열리고 문제가 나왔다.

올바르게 생각하기 위해서는 반드시 지켜야 하는 세 가지 규칙이 있다. 이것은 논리학의 근본법칙이라고도 한다. 각각 동일률, 모순율, 배중률이라고 부른다. 'A는 A이다'로 표시하는 법칙은 이 중 무엇인가. 그리고 이 법칙은 왜 중요한가.

지누는 잠시 말을 못했다. 생전 처음 들어보는 이야기였다. 올바르게 생각하기 위해 지켜야 하는 규칙이라고? 동일률, 모순율, 배중률? 웬 어려운 한자말이냐. 무슨 뜻인지 도통 모르겠네.

이럴 때는 만능 도우미가 있다. 지누는 책을 바라보았다. 그런데 이번에는 도와줄 마음이 없는 것 같았다. 책장은 조금의 틈도 없이 완벽하게 붙어 있었다.

'역시 삐친 거야.'

지누는 책을 쓰다듬으며 부드러운 목소리로 물어봤다.

"나 도와줄 거지?"

책은 열리지 않았다.

"정말 안 도와줄 거야? 정신을 잃고 있었어. 어쩔 수 없었다구."

책이 잠깐 열렸다.

내가 도와주면 너무 쉬워.

전등 불빛처럼 잠깐 빛났다가 사라져버리고 책은 다시 입을 꼭 다물었다. 지누는 화가 났다. 좀 쉽게 해결하면 어때. 꼭 죽도록 고생해야 맛이냐. 지누는 책이 입을 안 벌리면 벌리게 해주겠다고 생각하고 억지로 책장을 열었다. 쉽지 않았다. 책은 벌어질 듯 말고, 다시 벌어질 듯 말더니 끝내 한숨 비슷한 소리와 함께 열렸다.

'까짓 게.'

지누는 만족스러워했지만 나타난 문장은 기대한 것과는 달랐다.

동일률 논리학에서 말하는 동일률은 어떤 대상이든지 우리가 그것을 생각하고 있는 동안 사고의 대상으로서 변하지 않는 자기 동일성을 지녀야 한다는 원리이다. 동일률을 바탕으로 어떤 대상에 이름을 붙일 수도 있고, 그 대상의 일정한 개념을 얻을 수도 있다.

동일(同一) [명사] [하다형 형용사]

1. 다른 데가 없이 똑같음. 예) 동일한 문제/동일한 형태

2. 차이가 없이 똑같음. 예) 내국인과 동일하게 대우하다.

−률(律) [접미사](모음이나 'ㄴ'받침 이외의 끝소리로 끝난 일부 명사의 뒤에 붙어) 규칙이나 법칙 등의 뜻을 나타냄. 예) 도덕률/황금률

모순(矛盾) [명사]

1. [되다형 자동사] 말이나 행동의 앞뒤가 서로 맞지 않음. [중국 초나라의 상인이 창과 방패를 팔면서 창은 어떤 방패도 뚫을 수 있다고 하고 방패는 어떤 창으로도 뚫지 못한다는 말을 한 데서 유래함.] 예) 모순되는 말

2. 논리학에서 두 개의 개념이나 명제 사이에 의미 내용이 상반되는 관계를 이르는 말.

배중(排中) : 이것도 저것도 아닌 중간을 배척함.

"뭐야 이거. 사전이냐?"

지누는 실망스러워서 외쳤다.

"논리학 책이 왜 사전처럼 구는 거야! 그럼 안 되는 거 아냐?"

책이 접히려고 했다. 엄청난 힘이었다. 지누는 얼른 빌었다.

"아냐, 아냐! 사전이라도 볼래! 미안해!"

겨우 책이 진정하고 나서야 지누는 다시 한 번 내용을 꼼꼼히 읽어봤다. 한자라면 일단 무서워서 눈이 안 갔지만 알고 보면 어

려운 한자도 없었다. 대개는 학교에서 배운 글자들이었다. 같을 동, 한 일, 법 률. 창과 방패라는 뜻의 모순은 설명에도 있지만 수업 시간에도 들은 이야기였다. 배는 배척한다고 할 때의 그 '배'자 같았고, 가운데 중은 기본이다.

그렇게 보니 힌트를 주면 너무 쉬워진다는 게 이해됐다. 동일률은 같음의 법칙, 모순율은 고맙게도 사전에서 설명되듯이 상반의 법칙이라고 할 수 있을 것 같았다. 배중은 아마 중간을 배척하는 법칙쯤 되겠지. 이렇게 나름대로 이름까지 만들어 붙이며 생각하고 나니 문제는 더욱 쉬워졌다. 지누는 자신만만하게 외쳤다.

"A는 A이다. 동일률이야!"

또 혀가 감아쥐고 삼킬지도 몰라서 눈을 꼭 감았는데 혀는 움직이지 않았다. 썰렁한 공기만 뺨을 스칠 뿐이었다.

"맞아, 또 하나의 문제가 있었지. 문제 한 번 더 말해줘."

똑같은 목소리로 똑같은 내용을 말해주었다.

올바르게 생각하기 위해서는 반드시 지켜야 하는 세 가지 규칙이 있다. 이것은 논리학의 근본법칙이라고도 한다. 각각 동일률, 모순율, 배중률이라고 부른다. 'A는 A이다'로 표시하는 법칙은 이 중 무엇인가. 그리고 이 법칙은 왜 중요한가.

두 번째 문제, 이 법칙은 왜 중요한가 하는 질문에 대답해야 하는 것이다. 지누는 난감해져서 머리카락을 쥐어뜯었다.

A는 A고, B는 B고, C는 C다. 당연한 거 아닌가. 내가 나 아닌 다른 것이 될 수 없으니 나는 나일 수밖에 없다. 그러니까 지누는 지누다. 토끼는 토끼, 호랑이는 호랑이다. 이렇게 당연한 게 왜 중요한 법칙이지? 당연해서?

지누는 그냥 당연한 거라서 법칙이라고 대답할 뻔했다. 하지만 한 번 더 생각해보자. 이 질문하는 입이 애지처럼 까다로운 입이라서 '그게 왜 당연해?'라거나 '당연한 것과 법칙하고 무슨 상관이지?' 하고 나오면 어쩌나. 뭔가 다른 대답, 군말이 안 나올 대답을 찾아야 한다.

가만, 올바르게 생각하기 위해 지켜야 하는 규칙이라고 했지. 논리학의 근본법칙이라고도 했지. 그럼 이걸 어기면 어떻게 되나? 논리학이 망하기라도 하나? 올바른 생각을 못하게 된다는 건가?

지누는 생각하고 또 생각했다. 호랑이 선생님이 담당하는 수업에서도 이렇게까지 집중한 일이 없었다. 게임할 때보다도 오히려 더 집중하고 있었다. 그래서 지누는 조심스럽게 대답했다.

"동일률이고, 이게 왜 중요하냐 하면……."

지누는 마른침을 삼키고 나머지 대답을 내놓았다.

"이랬다 저랬다 하면 말이 안 통하기 때문이야. 방금 A라고 해놓고 다시 물으면 A라고 한 적 없다고 하면 생각이고 대화고 안 되지."

책이 박수 치듯 파닥거렸다. 혓바닥이 지누를 부드럽게 감아들더니 목구멍 안쪽으로 넘겼다. 이번에는 눈을 감지 않고 있었기

때문에 여전히 접히지 않은 책에서 이런 문장이 선명하게 반짝이는 것을 볼 수 있었다.

동일률은 어떤 대상이든지 우리가 그것을 생각하고 있는 동안 사고의 대상으로서 변하지 않는 자기 동일성을 지녀야 한다는 원리이다. 명제에 적용하면 동일률은 '임의의 명제가 참이면 그 명제는 참이다'라고 표현된다. 그러므로 동일률은 모든 긍정 명제의 기초가 된다.

어느새 지누는 다른 방에 와 있었다. 저쪽 벽에는 또 하나의 질

긍정 명제 '전칭 긍정 명제'와 '특칭 긍정 명제'가 있다. 전칭 긍정 명제의 형식은 '모든 x는 p이다'이고, 특칭 긍정 명제의 형식은 '어떤 x는 p이다'이다.

문하는 입이 있고, 방 중앙에는 탁자 하나가 동그마니 서 있었다. 그 탁자 위에는 영화에서 본 로마 병사들이 입은 것처럼 상반신을 보호하는 갑옷 한 벌이 놓여 있었다. 어깨와 가슴, 배를 보호하는 조끼처럼 생긴 갑옷이었다.

구리로 만든 것처럼 적동색으로 번쩍이는 갑옷의 가슴에는 금색으로 '동일률의 갑옷'이라고 돋을새김되어 있었다.

네 번째 보물

갑옷은 무엇으로 만들었는지 무겁지 않았다. 금속으로 만든 몸체 안에는 부드러운 가죽 같은 것을 덧대어 배기지도 않았다. 입기 전에는 꼭 쇠로 만든 상자 같은 느낌이라 무척 불편할 줄 알았는데.

그래, 지금 지누는 동일률의 갑옷을 입고 있었다. 애지가 권해서였다.

"여긴 필요 없는 건 나오지 않아. 토스트와 주스가 있는 건 배고플 때가 됐다는 거고, 갑옷이 있다는 건 입을 필요가 있다는 거지."

대체 갑옷을 입을 필요라는 게 뭔지는 상상하기 어렵고, 사실은 상상하기도 싫지만 지누는 순순히 시키는 대로 했다. 그러고는 질문하는 입의 혓바닥 위로 올라갔다. 문제가 나왔다.

올바르게 생각하기 위해서는 반드시 지켜야 하는 세 가지 규칙이 있다. 이것은 논리학의 근본법칙이라고도 한다. 각각 동일률, 모순율, 배중률이라고 부른다. 'A이면서 동시에 A가 아닐 수는 없다'로 표시하는 법칙은 이 중 무엇인가. 그리고 이 법칙은 왜 중요한가.

문제는 앞의 방에서 받은 것과 거의 흡사했다. 'A는 A이다' 대신 'A이면서 동시에 A가 아닐 수는 없다'로 바뀐 것만 다를 뿐이다. 절반은 쉬운 문제였다.

동일률에 대한 문제는 이미 나왔고, 예문도 다르니 그건 아니다. 그럼 모순율이나 배중률일 수밖에 없는데 내용으로 봐서는 아무래도 모순율 같았다.

A이면서 동시에 A가 아닐 수는 없다. 당연하다. A이면서 동시에 B가 아닐 수도 없다. 내가 나면서 동시에 내가 아닐 수 없듯이. 토끼면서 동시에 토끼가 아닐 수 없고, 호랑이면서 동시에 호랑이가 아닐 수 없듯이. 그렇게 치면 앞의 동일률이나 마찬가지 생각 아닐까. '토끼는 토끼다'나 '토끼이면서 동시에 토끼가 아닐 순 없

모순율 부정 명제의 기초가 되는 규칙으로서 'A는 비(非)A가 아니다'라는 형식으로 표현된다. 모순율은 A 아닌 것 전부(非A)를 부정하는 이중 부정을 통하여 A를 긍정하고 있다. 모순율은 사물들을 분류하고 구분하는 근거가 된다.

논리의 **미궁**을 **탈출하라**

다'나 어차피 같은 말이잖아.

지누의 고민은 남은 절반의 문제에 어떻게 대답하느냐 하는 거였다. 이 법칙이 왜 중요하지? 잠깐 생각해본 지누는 얼추 옳은 대답이 될 것 같은 생각이 떠올라 말하려고 했다. 하지만 신중한 게 좋지. 잘못하면 무시무시한 곳으로 떨어진다고.

지누가 하려고 한 말은 동일률에 대한 대답과 비슷한 것이었다. 어떤 것이 어떤 것이라고 해놓고 동시에 그게 아니라고 하면 생각이고 말이고 통할 리 없잖아. 어떤 것은 그냥 어떤 것이어야 하는 게 아닌가. 사실 호랑이면서 동시에 호랑이가 아닌 어떤 것은 상상되지도 않았다. 지누는 조금 더 신중하게 대답을 고르고 골라봤지만 달리 생각나는 게 없어서 그냥 말했다.

이번에도 답은 맞았다. 곧 지누는 다음 방으로 넘겨졌다. 책은 이번에는 시키지도 않았는데 혼자 펴져서 보충 설명을 했다.

모순율은 동일률의 다른 표현이기도 하지만 이중 부정을 통해서 사물들을 분류하고 구분하는 근거가 되며, 모든 부정 명제의 기초가 된다. 명제에서는 '어떤 명제도 참이면서 동시에 거짓일 수는 없다'라고 표현된다.

부정 명제 부정 명제에도 '전칭 부정 명제'와 '특칭 부정 명제'가 있다. 전칭 부정 명제는 '모든 x는 p가 아니다'로 표현되고, 특칭 부정 명제는 '어떤 x는 p가 아니다'로 표현되는 명제이다.

이번 방에 놓여 있는 것은 방패였다. 번쩍번쩍 빛나는 금방패. 판타지 게임에 익숙한 지누에게 이미 입고 있는 갑옷과 새로 얻은 방패로 그림이 그려졌다. 이건 게임에 나오는 방어구들이다. 말하자면 지누는 지금 아이템을 획득한 것이다.

그럼 아마 다음엔 무기겠지. 이번 방에서 나오는 문제도 푼다면 말이다.

문제는 앞의 두 문제와 비슷했다. 단지 예문이 좀 길었다. 'A는 B이거나 B가 아니거나 둘 중 하나다'라는 예문이었다. 답은 뻔히 드러났다. 배중률이다. 그런데 배중이 무슨 뜻이더라?

배중률 선언 명제의 기초가 되는 것으로 'A는 B이든가, 비(非)B이든가이다'라는 형식으로 표현된다. 배중률에서 A와 非A는 세계 전부를 지시하기 때문에, A도 아니고 非A도 아닌 제3의 것을 인정한다는 것은 세계 밖으로 나가는 모순을 범하는 셈이 된다.

논리의 **마궁을 탈출하라**

책이 도와줬다. 책은 다시 사전처럼 바뀌어서 배중의 뜻을 보여
줬다.

배중(排中) : 이것도 저것도 아닌 중간을 배척함.

예문이나 이 설명이나 비슷한 뜻으로 보였다. 이번에도 지누는
다른 단어들로 바꿔서 생각해보았다.

나는 나이거나, 내가 아니거나 둘 중 하나다? 어, 이건 아니네.
나는 나인 게 당연하잖아. 이건 다른 식으로 바꿔야겠다. 가령 나
는 인간이거나, 인간이 아니거나 둘 중 하나다. 그래, 이건 훨씬 말
되네. 당연히 나는 인간이지. 하지만 이것도 너무 뻔해. 애매한 걸
로 해볼까.

지누는 언젠가 학교에서 친구들과 벌인 말싸움을 기억했다. 산
호가 동물이냐 식물이냐로 시작된 말싸움이 점점 번지면서 나중
엔 돌처럼 딱딱한 걸 보면 광물이라는 친구도 나왔고, 집에 있는
데 직접 만져봤다느니 TV 다큐멘터리에서 말미잘처럼 촉수가 움
직이는 걸 봤다느니 하는 친구들까지 끼어들어서 대판 큰 싸움이
됐던 것이다. 나중에 선생님이 직접 설명해줘서 해결이 되었지만
그때 이미 말싸움은 주먹이 오가는 큰 싸움이 된 후라, 지누는 한
쪽 눈엔 바둑이처럼 멍이 들고 코피를 막느라 콧구멍에 솜까지 끼
우고 설명을 들어야 했다. 그날 집에 가서 혼난 건 말할 것도 없다.

자, 산호를 가지고 해보자. 산호는 동물이거나 식물이다. 어, 이

것도 아닌 것 같네. 광물이라는 주장도 있었잖아. 다시. 산호는 동물이거나 식물이거나 광물이다. 점점 더 아닌 것 같다. 형식이 아주 다르잖아.

지누는 골똘히 생각에 몰두했다. 무릎에 올려둔 책이 약간 무거워지는 것 같았다. 책이 힌트를 줄까 말까 고민하는 것처럼 조금 열렸다 닫혔다 하고 있었다. 지누는 열린 틈을 타서 얼른 잡고는 다시 닫히지 못하게 버텼다. 책이 포기한 듯 힌트를 보여줬다.

반대 개념 : 중간에 제3의 개념이 개입할 수 있는 두 개념을 반대 개념이라고 한다. 흰색과 검은색, 위와 아래, 승리와 패배 같은 것이 반대 개념이다. 흰색 아니면 검은색이라고 주장하는 것은 오류다. 붉은색도 있고 파란색도 있기 때문이다. 위 아니면 아래라고 하는 것도 그렇다. 중간이 있기 때문이다.

모순 개념 : 서로 배척하여 중간에 제3의 개념이 개입할 수 없는 두 개념을 모순 개념이라고 한다. 흰색과 흰색이 아닌 색, 있음과 없음, 생물과 무생물이 그런 예다.

지누는 고개를 끄덕였다. 문제가 명확해졌다. 배중률은 모순 개

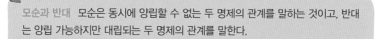

모순과 반대 모순은 동시에 양립할 수 없는 두 명제의 관계를 말하는 것이고, 반대는 양립 가능하지만 대립되는 두 명제의 관계를 말한다.

념에 적용되는 것이지 반대 개념에 대한 게 아니었던 것이다. 산호는 동물이거나 동물이 아니거나 둘 중 하나다. 산호는 식물이거나 식물이 아니거나 둘 중 하나다. 이런 식으로 표현했어야 했다.

자, 그런데 그럼 이 법칙이 중요한 이유는?

지누는 다시 머리를 싸쥐었다. 지금까지 받은 문제 중 가장 어려운 것 같았다. 이것 역시 생각과 논리의 기초가 되는 법칙이라고 했다. 그럼 이걸 어기면 생각도 대화도 안 되게 될 것이다. 어떤 면에서?

산호 때문에 싸운 그날 이후 지누네 반에서는 그날을 '산호대첩'이라고 불렀다. 그런 난리가 없었으니까. 산호대첩은 과학에 대해 말할 때는 충분한 근거와 확실한 증거를 가지고 해야 한다는 교훈을 남겼다고 선생님이 말씀하셨지만 어쩌면 논리의 문제도 있었던 게 아닐까? 가령 우선 동물이거나 동물이 아니거나 둘 중 하나라는 법칙하에서 동물인 증거, 동물이 아닌 증거로 나눠 토론하고, 그 다음에는 식물이거나 식물이 아니거나 둘 중 하나라는 법칙하에서 식물인 증거, 식물이 아니라는 증거로 나누어 토론했으면 최소한 난장판이 되지는 않았을 것이다. 나중에 가서는 저마다 자기 주장만 해서 다들 서로 무슨 말을 하는지도 모를 정도가 되었으니까.

지누는 망설이다가 결국 이런 생각을 그대로 대답으로 내놓기로 했다. 대답이 길다고 틀렸다고 하지는 않겠지. 하지만 지누는 말하는 중에 생각이 정리되어 이런 말로 대답을 마무리했다.

"결국 배중률은 어떤 사실을 이것이거나 이것이 아니거나 둘로 분명하게 구분해서 참 거짓을 정확하게 하기 위한 법칙 같아."

조마조마했다. 이렇게 자신 없는 대답은 처음이었다. 그런데 결과는 성공이었다. 지누는 흐뭇한 마음으로 다음 방으로 넘어갔다. 책이 팔락거리며 끝까지 참견했다. 어차피 봐도 잘 이해할 수 없는 문장들을 반짝거리며 보여주는 것이다.

배중률은 '어떤 명제도 참이거나 참이 아니거나 둘 중 하나다'라고 표현된다. 선언 명제의 기초가 된다.

다음 방이었다. 어, 그런데 방이 아니다. 앞에 펼쳐진 풍경은 저녁나절처럼 어두컴컴한 들판이었다. 들판, 밖으로 나온 것이다. 뜰 듯이 기뻐하던 지누는 금세 실망해버렸다. 한 번도 본 적이 없는 풍경이었다. 삼촌 댁 부근이 아니라는 뜻이다.

게다가 이 들판 풍경 자체가 어쩐지 현실적이지 않았다. 저녁나절이라고 쳐도 황혼도 없고, 달도 안 떴다. 하늘엔 구름도 없이 그냥 어둑하고 캄캄했다. 들판에는 풀도 안 보이고, 나무도 없다. 어

선언 명제 두 개의 정언 명제가 '~이거나 ~이거나 이다'라는 형식으로 묶인 복합 명제이다.' ~이거나 ~이거나 이다'의 빈 부분에 들어가는 정언 명제를 그 선언 명제의 선언지라고 한다. 선언 명제는 두 명제 중 어느 하나를 선택하게 하는 제약 명제이다.

디를 봐도 지평선뿐 산도, 밭도 없다. 저만치 탑처럼 생긴 것이 하나 보이는데 목표로 삼고 갈 만한 곳은 그곳밖에 없었다.

아, 하나 더 있었다. 지누와 애지(그런데 얘는 혀에 감기지도 않고 어떻게 따라오는 거야. 눈떠 보면 이미 옆에 있으니)의 앞에는 질문하는 입이 하나 서 있었다. 벽도 없고 방도 없는 곳에 묘비처럼 문짝 하나가 덜렁 세워져 있고, 그 문짝에는 입과 혀가 붙어 있었다. 그리고 그 혓바닥 위에 칼 한 자루가 놓여 있었다.

"이건 뭐지?"

"보너스 스테이지."

"뭐?"

"미션 하나 끝내면 보너스로 더 나오는 거 있잖아. 그런 거라고."

지누는 물론 알아들었다. 게임 마니아 지누가 그걸 모를 리 없다. 단지 이 세계에도 그런 게 있다는 게 신기했을 뿐이다. 보너스 스테이지라면 지누가 빼놓지 않고 하는 것이기도 하다. 본 게임보다 그런 게 더 재미있는 경우가 많으니까. 지누는 곧 흥미진진하다는 듯 눈을 빛내며 질문하는 입에게 다가가 요리조리 살펴보았다.

혓바닥 위에 놓인 칼은 검은색 칼집에 들어가 있었다. 그 칼집에 황금색으로 '배중률의 검'이라고 새겨져 있었다. 관문 통과의 보상으로 주어진 아이템인 것이다. 지누가 조심스럽게 집어들어도 별일이 없는 것으로 보아 그게 맞는 것 같다.

지누는 칼을 뽑아보았다. 로마군이 쓰던 것처럼 짧고 단단하게 생긴 양날 검이다. 날이 잘 벼려져 있어서 어스름 무렵의 희미한 빛으로도 광채를 발한다. 지누는 약간 두려워졌다. 이렇게 위험한 무기로 대체 뭘 하라는 거지? 아까 애지는 필요하니까 주어진다고 말했다. 갑옷과 방패, 그리고 이 칼이 필요한 일이란 대체 뭘까. 이 물건들이 위험한 만큼 위험한 일일 게 뻔했다.

어쨌건 생전 처음 가져보는 무기다. 지누는 칼을 칼집에 넣었다. 방패와 칼과 책까지 들고 다니기란 무척 번거로운 일이다. 손이 둘뿐이니 더욱 그랬다. 허리띠에 칼을 꽂아볼까? 그런 생각을 하며 자세히 봤더니 칼집에는 고리가 달려 있고 갑옷의 허리춤에도 고리가 붙어 있다. 이 둘을 연결하면……, 그런데 끈도 없는데. 그런 생각을 하며 갑옷 고리에 칼집 고리를 슬쩍 대봤더니 찰칵 소리와 함께 두 고리가 연결되었다. 한쪽이 반쯤 열렸다

접히는 열쇠고리 같은 구조였던 것이다.

방패도 그냥 손에 들고 다녔는데 다시 보니 방패 안쪽에 가죽띠가 두 개 붙어 있다. 영화에서는 이 두 개의 띠 사이로 팔뚝을 넣어서 사용했지. 과연 그렇게 됐다.

이제 한결 가뿐한 자세로 책을 들 수 있었다. 여유가 생기자 다시 질문하는 문에 대해 궁금해졌다.

"보너스 스테이지라면 물론 페널티는 없겠지? 무시무시한 곳으로 돌려보내진다거나."

페널티, 벌칙이란 뜻이다.

"없어. 틀려도 괜찮대."

"클리어하면?"

클리어, 물론 정답을 맞힌다는 뜻이다.

"보상이 있겠지 뭐."

"보상이라. 좋은 아이템이겠지?"

"아마도."

지누는 주저 없이 질문하는 입의 혓바닥에 올라갔다. 망설일 게 뭐냐. 질문이 나왔다. 지누는 곧 이 보너스 스테이지를 선택한 것을 후회하게 됐다.

올바르게 생각하기 위해서는 반드시 지켜야 하는 세 가지 규칙이자 논리학의 근본법칙인 동일률, 모순율, 배중률 외에 또 하나의 법칙 '이것'이 있다. '모든 것에는 반드시 이유가 있다'고 표현되는 이 법칙은 생성, 인식, 존재, 행위의

논리의 미궁을 탈출하라

원리로 나누어진다.

벌써 머리가 지끈거리기 시작했는데 입은 아직도 말을 쏟아내고 있다. 들어도 무슨 뜻인지 알아들을 수도 없는 말들을.

생성의 '이것'은 자연계에서 일어나는 모든 변화와 생성에는 반드시 원인이 있다고 하는 원리다. 인식의 '이것'은 참된 인식에는 반드시 충분한 근거가 있어야 한다는 원리다. 존재의 '이것'은 현실적으로 존재하는 모든 것은 어느 일정한 시간과 공간에 존재해야 한다는 원리다. 행위의 '이것'은 인간의 모든 행위에는 반드시 그 동기가 있다는 원리다. 여기서 공통적으로 말하는 '이것'이 무엇인가?

알 리가 없다. 문제가 뭔지도 이해하지 못하겠다. 그 전에 무슨 말을 들었는지도 모르겠다. 지누는 뱅글뱅글 도는(돌 게 뻔한) 눈이 제자리에 멈출 때까지 기다렸다가 다시 한 번 말해달라고 했다. 곧 멈추었던(멈추었을) 눈이 다시 돌기 시작했다. 어떤 말은 참 힘이 세기도 하다. 듣기만 하는 것으로도 코끼리 코를 한 채 땅 짚고 열 바퀴 돈 것보다 더 어지럽게 만든다.

지누는 책을 보았다. 책장이 열릴 기미가 없다. 힌트라도? 책은 입을 앙다물고 있는 듯한 느낌이었다. 사실 이건 간단한 퀴즈다. 수수께끼도 아니고 논술도 아니다. 그냥 이름 하나만 대면 되는 거다. 단지 기회가 한 번뿐이고, 지누는 그것에 대해 전혀 모른다는 점이 문제일 뿐이다.

하지만 이런 경우 대개는 예문 속에 답이 있는 게 보통 아닌가. 지누는 어지러움을 참고 한 번 더 들었다. 모든 것에는 반드시 이유가 있다는 말이 귀에 남았다. 모든 것이라면 만물. 이유가 있다는? 그건 넘어가고 아마 끝은 '률'일 것이다. 그럼 만물률? 어쩐지 어색했다. 이유율? 이것도 어색하다.

또 한 번 들었다. 네 번째다. 문제를 들을 기회가 여섯 번 더 있고 답할 기회는 한 번이다. 그것으로 네 번째 보물을 얻느냐 마느냐가 결정되는 것이다. 원래 게임을 좋아하는 지누다. 이게 논리학에 관련된 것이라는 사실은 잊고 전력을 다해 보너스 스테이지를 클리어하려고 애를 쓴다.

여태까지 법칙들의 이름이 모두 세 자짜리였으니까 이번에도 세 자 이름일 것 같다. 그럼 이유율, 동기율, 근거율, 원인율 중에 하나일 것이라고 생각한 건 여덟 번째 반복해서 들은 후였다. 그때 책이 무거워졌다. 지누는 얼른 책을 보았다. 순간적으로 책장이 열렸다가 닫혔다.

다섯 자.

지누는 크게 실망했다. 여태 고민한 결과가 헛것이 되어버렸다. 세 자 이름인 줄 알았는데 다섯 자라니. 그럼 애초에 생각한 것들을 더해보면? 만물 이유율, 만물 근거율, 이유 동기율. 어느 것 하

논리의 **미궁을 탈출하라**

나 마음에 들지 않았다.

애지가 말했다.

"포기해. 이건 애초에 짐작만으로 맞힐 수 있는 문제가 아냐."

지누는 인상을 썼다. 그리고 TV에서 자주 듣던 대사를 했다.

"포기란 배추를 셀 때나 쓰는 단어야."

애지가 어이없다는 듯 코웃음 치더니 한두 걸음 떨어져 섰다. 기껏 생각해줬더니 그렇게 나오냐 하는 마음이겠지. 그렇게 보기 안타까우면 답을 가르쳐주면 될 거 아냐. 그런 생각을 하는데 애지가 물었다.

"답 가르쳐줄까?"

지누는 얼른 고개를 끄덕이려다가 참았다. 갑자기 자존심이 발동해서였다. 다른 부분이라면 몰라도 게임이라면 남에게 뒤지지 않는다. 그리고 이건 게임이다. 남의 손으로 게임을 클리어하는 게 게임 마니아들이 가장 싫어하는 일이다.

하지만 지금까지도 계속 도움을 받아왔잖은가. 이제 와서 새삼스럽게 뭘. 아냐. 그래도 뭐가 뭔지 모르던 초반 이후에는 힌트만으로 해왔어. 답 자체를 듣진 않았잖아. 하지만······.

한참을 고민하던 지누가 애지를 향해 말했다.

"세 자는 생각하고 있는 게 있어. 두 자를 모르겠어. 짐작도 안 가. 힌트 삼아 그것만 가르쳐줘."

완전히 남의 손을 빌리고 싶진 않다는 생각이었다. 애지가 무표정하게 쳐다보더니 말했다.

"충족. 반드시 뭐가 있어야 한다 정도로 생각하면 되는 단어야."

모르고 있던 부분이 풀렸다. 하지만 저 충족이라는 단어가 앞에 들어가는지 뒤에 들어가는지는 여전히 모른다. 그 부분까지 감안해서 제일 그럴듯한 이름을 대는 수밖에 없다. 지누는 생각한 이름을 말했다.

"충족 이유율!"

그 순간 문은 마치 연기처럼 사라지고, 투구 하나가 남았다. '충족 이유율의 투구'라는 이름이 새겨진 투구였다.

애지가 다가오더니 예의 그 무표정한 얼굴로 말했다.

"일 점 올려줄게."

"뭘?"

"너에 대한 평가. 답이 아니라 힌트만 원한 건 제법 괜찮아 보였어."

"뭐, 뭐?"

어리둥절해하는 지누를 애지는 여전히 무표정하게 바라보고 있다. 지누가 괜히 부끄러워 먼저 시선을 돌리고 말았다.

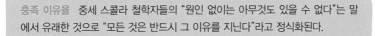

충족 이유율 중세 스콜라 철학자들의 "원인 없이는 아무것도 있을 수 없다"는 말에서 유래한 것으로 "모든 것은 반드시 그 이유를 지닌다"라고 정식화된다.

논리학에서 'p 그리고 q'라고 했을 때는 p와 q 모두가 참이어야만 참이 되지만 'p 또는 q'라고 했을 때는 p와 q 둘 중 하나만 참이어도 전체 명제가 참이 된다는 사실을 기억하고 아래 문제를 풀어야 한다. 일상적인 언어에서는 위 문장 'p 그리고 q'는 '～이고 ～이다'라고 표현되며, 'p 또는 q'는 '～이거나 혹은 ～이다'로 표현된다는 것도 기억해야 한다.

참말만 하는 천사와 거짓말만 하는 악마들이 있는 곳에서 A와 B를 만났다. 겉으로 봐서는 누가 천사고 악마인지 알 수 없다. A가 이렇게 말했다.
"내가 악마이거나 혹은 B가 천사다."
A는 무엇이겠는가? 그리고 그 이유는?

답__A가 악마라면 거짓말만 해야 한다. 하지만 '내가 악마이거나'라고 말했으므로, 그리고 위 명제에서는 둘 중 하나만 참이어도 참이 되므로 이 경우에는 A가 악마이면서 참말을 한 것이 된다. 이건 논리적으로 모순이 되기 때문에 A는 악마가 아니라 천사다. A가 천사이면서 '내가 악마이거나'라고 했다고 놀랄 필요는 없다. 반복해 말하지만 위 명제에서는 둘 중 하나만 참이어도 참이 되므로 앞부분이 거짓일 경우 뒷부분, 즉 B가 천사라는 말이 참이라면 A의 말은 참이 된다. 그러므로 A와 B 모두 천사다.

PART 3 미션 1_ 파리와 기차 문제의 답

파리가 한 기차에서 다른 기차로 갔을 때의 거리와 시간, 다시 원래의 기차로 돌아왔을 때의 거리와 시간, 똑같은 일을 반복했을 때의 거리와 시간 등을 계산하는 건 어려운 수학 공식으로 풀어야 한다. 하지만 좀 더 쉬운 방법이 있다. 두 기차가 충돌하기까지는 100km를 가야 하는데 시속 50km로 달린다면 2시간이 걸린다. 파리의 속도는 시속 75km이므로 2시간 동안 날면 150km를 날 수 있다. 그러므로 답은 150km.

PART

4

황야

미션 1
황야의 괴물

"이제 어디로 가지?"

잠시 후 지누가 물었다. 애지가 대답했다.

"갈 만한 덴 한 곳밖에 없는 것 같지 않아?"

예상한 대답이었다.

"그래, 가자."

"미리 경고해두는데."

지누는 멀리 보이는 탑 같은 건물을 향해 걸음을 옮기려다가 애지의 말에 멈추어 섰다. 애지가 말했다.

"이 부근에는 괴물이 많이 돌아다녀. 별로 안 위험한 괴물부터 아주 위험한 괴물까지 종류도 다양하고."

"괴물? 몬스터?"

"뭐라고 부르든지."

"어떤 괴물?"

"보면 알 거야."

쳇, 이왕 알려줄 거 좀 더 친절하게 알려주면 안 되나. 조금 전엔 일 점 올려준다고 제법 칭찬 같은 이야기도 해주더니. 하긴 고작 일 점 올라간 거니까 위험을 예고해주는 정도면 맞는 대우인지도 몰라. 어쨌든 대체 어떤 괴물들이 있다는 거지? 판타지 게임에 나오는 오크나 트롤 같은 것들일까? 그건 논리학이랑은 아무 상관이 없으니까 아닐 거야. 그럼 어떤?

그런 생각을 하면서 들판을 걸어가는데 들판은 황무지 혹은 황야라고 불러야 할 만큼 쓸쓸하고 황량했다. 자갈과 바위가 섞인 거친 땅에 풀도, 나무도 자라지 않았다. 벌레도 없고, 날아다니는 새도 없다. 동물은 더욱 보이지 않았다. 그런 곳에 첫 번째 괴물이 나타났다.

멀리서 볼 때 그건 반투명한 풍선처럼 보였다. 가까워져서야 그게 대충 사람 모습 비슷하게 만든 풍선처럼 생겼다는 걸 알 수 있

오크Orc 사람의 모습에 돼지 머리를 한 가상의 생물로 판타지의 거장 J. R. R. 톨킨이 《반지의 제왕》에서 만들어냈다.
트롤Troll 판타지 영화나 소설에 자주 등장하는 인간 몸집의 두 배가량 되는 몬스터이다.

었다. 혹시 해서 칼을 뽑았다. 방패를 끼운 팔뚝으로 책을 옆구리에 끼고 단단히 방어자세도 취했다. 어떤 괴물이라도 당당히 맞서 상대할 각오였다.

하지만 점점 가까워지자 그건 유령처럼 보였다. 축 늘어뜨린 팔과 다리, 손도 다리도 없고 눈코도 없는 창백한 유령이었다. 지누의 얼굴도 창백해졌다. 게임 속의 전사, 겁 없는 논리학 초보자 지누에게도 무서운 게 딱 하나 있다면 그건 유령이다. 무서워서 공포 영화도 못 보는 지누인 것이다.

저도 모르게 주춤주춤 물러나 애지의 뒤로 숨는데, 너무나 무서워서 창피한 줄도 미처 모르고 하는 행동이었다. 하지만 애지는 지누를 놀리지 않았다. 유령을 두려워하지도 않았다. 아무렇지도 않은 말투로 그건 '허깨비야' 하고 마는 것이다.

"허깨비?"

"귀엽지 않은 앵무새라고 생각해도 돼."

왜 그렇게 부르는 건지 지누로서는 알 수 없었다. 더욱 가까워져서 그 허깨비, 혹은 귀엽지 않은 앵무새가 사람 모습과 비슷해 보이긴 하지만 바람에 날려가는 비닐봉지에 더욱 가까운 모양이라는 걸 확인하면서 두려움은 훨씬 적어졌다. 하지만 무슨 소리가 들리는 것 같은데? 그건 허깨비에서 나는 소리였다.

사형 반대! 인간이 인간을 죽음으로 단죄할 권리는 없다. 죄인이 죽는다고 해도 희생자가 살아 돌아오지는 않는다. 사형으로 누구 한 사람이라도 이득을

보는가. 그러나 죄인이 뉘우쳐서 사회에 복귀한다면 인류는 한 사람분만큼의 행복이 증가하는 효과를 거두는 것이다.

남에게 부끄럽지 않게 살아야 해. 인간은 존엄한 존재고 그건 남에게 부끄러운 행위를 않기 때문이야.

당신에게는 시간이라는 가장 귀중한 재산이 있다. 시간이 있는 한 당신은 부자다.

일하지 않으면 먹지도 마. 인간은 일하면서 살아가는 존재야.

사형 찬성! 인간은 인간답게 행동할 수 있는 능력이 있음으로써 인간이다. 그 중에는 살인하지 않는다는 것도 포함된다. 살인이란 인간됨을 부정하는 행위이기 때문이다. 따라서 그는 인간의 자격을 잃었고, 마땅히 죽음으로 그 죄를 치러야…….

허깨비는 지누의 옆을 스쳐서 뒤로 둥실둥실 떠갔다. 그 사이 지누의 귀에는 온갖 소리들이 들어왔다 나갔다. 지누는 어리둥절해서 허깨비가 멀어져가는 모습을 보다가 애지를 향해 물었다.

"대체 정체가 뭐지?"

"보는 대로야."

"보는 대로 뭐? 말은 다 그럴듯하던데?"

애지는 잠시 침묵하다가 마음을 먹은 듯 이야기를 했다.

"말은 많고 대개는 옳게 들리지만 그 중에 자기 이야기는 하나도 없다는 뜻에서 허깨비라고 한 거야. 자기 머리로 생각하고 자기 몸으로 실천하는 이야기는 없고, 다 어디서 주워들은 말이라는 거지. 그래서 자기 입에서 나오는 말인데도 그게 서로 모순된다는 것도 모르는 앵무새 같은 존재라고 하는 거야. 앵무새는 귀엽기라도 하지만 저 허깨비는 귀엽지도 않잖아. 하지만 이 들판에는 저런 허깨비가 엄청나게 많아. 볼 때마다 일일이 놀라고 그 말에 귀기울이다가는 아무 데도 갈 수 없을 거야."

그렇게 줄줄줄 퍼붓듯 말하고는 다시 걸음을 옮긴다. 지누는 자신이 무슨 잘못을 했기에 애지가 저렇게 화를 내나 궁금해하며 그 뒤를 따랐다. 걸음을 약간 빨리 해서 애지의 얼굴을 힐끗 봤지만 항상 그렇듯 무표정이다. 화를 낸 건지, 아니면 정성껏 설명을 해준 건지 알 수가 없다. 물어보기도 뭣한 일이니 그저 말없이 걸을 수밖에.

애지의 말대로 허깨비는 무척 많았다. 사방에 둥실둥실 떠다니는 것이 봄날의 하늘을 메우는 꽃가루 같아 보일 정도였다. 가을에 떨어지는 낙엽이나. 그래서 차츰 지누도 허깨비들이 보이는 것이나 하는 말에 신경을 안 쓰게 됐다. 그때 그들을 만났다.

처음에 그들은 먼 지평선에 하나의 점처럼 나타났다. 그게 땅바닥에 엎드려 있다가 먹이를 보고 일어나서 다가온 것이라는 건 순식간에 몸을 드러내며 바짝 다가온 것에서 알 수 있었다. 이것들도 사람처럼 생겼다.

단지 머리가 기묘하게 일그러져 있었다. 눈이 하나는 왼쪽 이마에, 하나는 오른쪽 뺨에 붙은 데다 코는 하늘을 향해 거꾸로 붙어 있고 입도 비뚤어졌다. 또 다른 괴물은 아예 머리 반쪽이 공에 맞은 밀가루 반죽처럼 움푹하니 들어가 있다. 당연히 얼굴이 한쪽으로 향하고 있었다. 일곱 명이 나타났는데 모두 비슷하게 망가져 있는 괴물이었다.

위험한 것은 하나같이 몽둥이 혹은 돌도끼 같은 것을 들고 있다는 점이었다. 그 흉악한 인상으로 뚫어지게 쳐다보며 다가오는데 두렵지 않을 수 없다. 지누는 아까 집어넣었던 칼을 다시 뽑고 무술 영화에서 본 것처럼 전투태세를 취했다.

하지만 진짜 칼을 휘두를 수 있을까? 다치면 어쩌라고. 아니, 이것들은 사람이 아니라 괴물이니까 다치게 하거나 죽여도 괜찮을지도 몰라. 하지만 난 파리, 모기 외에는 죽여본 적도 없잖아. 이상하게 생겼지만 괴물이 아니라 사람이면 어쩌지? 난 살인까지 하게 되는 건가?

애지는 지누와 달리 침착하게 서서 그들을 바라보고 있었다. 그 태도가 지누의 용기를 북돋웠다. 설마 혼자 도망치지는 않겠지. 일점 올려준 나를 두고.

괴물, 혹은 이상하게 생긴 사람들이 지누와 애지를 둘러쌌다. 그러고는 뭐라고 떠들어대기 시작했다. 한꺼번에 떠들어대서 무슨 말을 하는지 알아들을 수도 없었다. 애지가 손을 들어 그중 하나를 가리켰다. 한쪽으로 찌그러진 머리를 한 괴물 혹은 사람이었다. 다른 괴물 혹은 사람들이 조용해지고 그 괴물 혹은 사람만 떠들었다.

"내 말대로 안 하면 공산주의자야!"

"베도 좋아."

애지가 말했다. 지누는 자기도 모르게 칼을 들어올렸다가 멈칫했다.

"사람인 것 같은데……."

"사람이 아니라 '우물에 독 뿌리기 오류'니까 그냥 베어!"

지누는 에라 모르겠다 하고 눈을 질끈 감고 칼을 휘둘렀다. 하지만 그 괴물, 혹은 사람이 칼에 맞을까봐 살짝 건드리는 정도에서 멈춰버렸다. 그러고는 다시 눈을 떴다.

정말 살짝 건드렸다. 그런데 그 괴물, 혹은 사람이 바람 빠진 풍선처럼 쭈그러들고 있는 것이다. 쉬이익 하는 소리가 들려왔다. 그리고 악취가 풍겼다. 풍선 속의 공기가 방귀라도 되는 것처럼 고약한 냄새를 풍기고 있었던 거다.

애지가 다시 하나를 가리켰다. 그 괴물이 떠들었다.

"가장 많이 팔리는 차가 가장 좋은 차야! 내 말이 틀려?"

"베! '다수에 호소하는 오류'야!"

이번에는 지누도 주저 없이 칼을 휘둘렀다. 괴물이잖아. 그것도

우물에 독 뿌리기 오류 어떤 논증에 대한 반론 가능성을 원천적으로 차단함으로써 자신의 논증을 옹호하려고 할 때 빠지는 오류를 말한다.
다수에 호소하는 오류 어떤 논증에서 주장을 뒷받침하는 근거로서 다수의 선택을 제시함으로써 저지르게 되는 오류를 말한다. 넓은 의미에서 숫자 놀음의 오류와 유사하다.

피를 흘리고 고통을 느끼는 괴물이 아니라 풍선이잖아. 괴물이 몽둥이를 들어 막으려 들었다. 하지만 칼은 몽둥이를 포함해서 괴물의 몸통까지 싹둑 베어버렸다. 그런데 이번 괴물은 풍선이 아니었다. 도토리묵 같은 것으로 된 괴물인지 반으로 잘려 넘어지더니 산산조각이 났다. 검은색 덩어리에 부패한 냄새가 심하게 나서 어떻게 손봐도 먹을 수 없을 것 같았지만.

이번에 나선 괴물은 소리치지도 않고 제법 길게 말했다.

"부처님이 생명을 존중하라고 하셨어. 우리가 사람은 아니라도 생명이긴 해. 그렇게 함부로 죽여도 되는 거야? 그리고 우린 지금 아주 배가 고파. 그냥 순순히 우리 밥이 돼줘. 그게 생명 여럿 살리는 일이니까 좋은 거잖아."

애지가 말했다.

"부적절한 권위에 호소하는 오류! 동정에 호소하는 오류! 원칙 혼동의 오류! 세 가지나 해당돼!"

지누는 베라는 소리를 기다리지 않고 먼저 칼을 휘둘렀다. 말도

부적절한 권위에 호소하는 오류 전통이나 권위가 가지는 힘을 이용하여 그릇된 논증을 할 때 발생하는 오류이다. 특정한 분야의 권위 있는 전문가가 반드시 다른 분야에서도 전문가는 아니라는 점을 고려하면 피할 수 있는 오류이다.
동정에 호소하는 오류 불쌍한 처지에 놓인 사람에 대한 동정적인 태도를 이용하여 자신의 주장을 정당화하려 할 때 저지르게 되는 오류이다.
원칙 혼동의 오류 먼저 지켜야 할 원칙과 그에 뒤따라 지켜야 할 원칙을 혼동하여 원칙을 잘못 따를 때 생기는 오류를 말한다.

논리의 **미궁을 탈출하라**

안 돼. 생명은 우리만 존중하고 너희들은 존중하지 않아도 되는
거야?

이 괴물이 가장 징그러웠다. 가죽을 벤 것 같은 느낌이 들더니
정말 가죽 주머니처럼 베어져버렸다. 그리고 그 안에서 더러운 오
물과 구더기들이 우글우글 기어나왔다. 지누가 얼른 외면하지 않
았으면, 그리고 아직 넷이나 남아 있지 않았으면 토하고 말았을

것이다.

이런 식으로 괴물 일곱이 하나하나 오류를 지적당하고 지누의 칼에 베어졌다. 그런데 오류가 뭐지? 잘못됐다는 뜻인 건 알겠는데 왜 괴물이 돼서 나타난 거야.

현장에서 떠나자 책이 무거워졌기 때문에 지누는 책을 폈다.

1. 논리학에서의 오류는 잘못된 추론을 말한다.

2. 오류 추론에는 크게 형식적 오류와 비형식적 오류가 있다.

3. 형식적 오류는 추론의 구조와 형식이 잘못되어 빠지는 오류를 말한다.

4. 비형식적 오류는 형식적 오류를 제외한 모든 오류 추론을 말한다.

5. 비형식적 오류에는 크게 심리적 오류와 언어적 오류, 그리고 자료적 오류가 있다.

6. 심리적 오류란 강한 감정, 혹은 감정 혼동에 이끌려 추론을 받아들임으로써 빠지는 오류다.

7. 언어적 오류란 언어를 잘못 사용함으로써 빠지는 오류다.

8. 자료적 오류란 자료에 대해 그릇되게 판단함으로써 빠지는 오류다. ……

그 아래로도 글은 한참이나 이어졌지만 지누는 그냥 덮어버렸다.

미션 2
이돌라의 성

그 후로도 그런 유의 괴물은 많이 나타났다. 각각이 무슨무슨 오류라느니, 편견, 궤변 등의 이름을 갖고 있는 괴물들이었다. 그중 가장 강한 괴물은 '억지'라는 이름이었다. 그놈을 만났을 때 지누도 정말 고생이 심했다. 베어도 베어지지 않고, 찔러도 들어가지 않았다. 때리고 또 때리고 또 때려서야 겨우 없앨 수 있었던 것이다. 진짜 판타지의 기사, 혹은 전사가 된 것처럼 한바탕 화끈한 전투를 벌인 기분이었다.

그래서 들판 가운데에서 성벽으로 둘러싸인 도시를 발견했을 때 반가워한 것도 무리가 아니었다. 화끈한 전투를 벌였으니 이젠 쉬어야지. 맛있는 음식, 달콤한 음료수, 아이템도 보충하고……까지 생각했을 때 지누는 두 가지 사실을 깨달았다. 우선은 돈이 없고, 둘째로는 게임 속 세상과는 달리 여기 괴물들은 죽을 때 아이템을 안 떨어뜨렸다는 점이었다. 그러니 음식이고 음료수고 살 수 있을 리 없다.

덕분에 신났던 기분은 좀 가라앉았지만 사람들이 사는 곳을 만났으니 기분 나쁠 것은 없다. 사람이 살 거라고는 전혀 기대하지 않았기 때문에 더욱 그랬다. 질문하는 입을 막 빠져나왔을 때는 이 성체가 안 보였는데.

아마 탑보다 낮아서 그랬던 모양이다. 탑은 아직도 저 멀리에 보이는걸. 그런데 이 이상한 세계에 사는 사람들은 대체 어떤 사람들일까? 서울이 어딘지 알까? 대한민국은? 월드컵은? 괴물들과는 어떤 식으로 관계를 맺고 살아갈까?

도시는 괴물들이 들어오지 못하도록 하기 위한 것인 듯 높은 성벽과 두꺼운 철문으로 둘러싸여 있었다. 성문 옆에는 경비병들이 창을 들고 서 있는데 문을 통과하는 사람들을 하나씩 잡고 검문을 하고 있었다. 어디 사는 누구냐, 여긴 왜 왔냐는 질문을 하면 뭐라고 대답을 하나 고민을 하는데 애지가 성큼성큼 앞장서서 가자 아

궤변 억지 이론을 끌어내는 일. 궤변은 B.C. 5세기 무렵 그리스의 소피스트sophist : 본디 '지혜로운 자'라는 뜻들이 많이 사용했다. 실은 논리적 규칙에 배반되는 논법이나 전제가 되는 명제(命題)의 뜻이 일상적으로 애매하다는 점을 이용하여 진실된 전제에서 진실되지 못한 결론을 이끌어내는 논법이다.

논리의 미궁을 탈출하라

무도 붙잡는 사람이 없었다. 심지어는 그들을 쳐다보지도 않았다. 마치 투명인간이라도 된 것 같은 기분이었다.

여기 사람들도 어딘가 좀 이상했다. 사람 같긴 한데 어딘가 표정이 멍하고 피부는 창백했다. 그리고 뭐라고 할까, 어려운 말을 좀 쓰자면 존재감이 느껴지지 않는다고나 할까. 마치 들판에서 만났던 괴물들과 비슷한 느낌이었다. 어딘가 비현실적인, 이곳 하늘과 들판처럼 이상한 느낌의.

아, 그러고 보니 들판을 가로지르는 여행을 시작한 지 한나절은 지난 것 같은데, 그리고 그때가 꼭 저녁 무렵 같았는데 아직도 밤이 아니다. 전등도 없는데 이상하게 밝았던 복도와 같이 이곳의 빛도 딱 이 정도로 정해져 있는 건 아닐까. 그럼 이곳은 항상 저녁 무렵인 세계인 셈이다.

"피곤해?"

애지가 묻고 있었다.

"아니."

이것도 이상하다. 이상한 미로에 빠진 이후 몇날 며칠은 지난 것 같은데 피곤하지도 않고 졸리지도 않았다. 먹은 음식이라곤 토스트 한 조각, 아니 두 조각과 주스 한 잔뿐인데 배고프지도 않다. 들판에서는 생전 처음으로 칼싸움도 했는데 아프지도, 피곤하지도 않다. 역시 이건 꿈인 건가. 이렇게 생생한 꿈이?

지누는 머리를 흔들어 그 생각을 떨쳐버렸다. 이곳을 빠져나갈 때까지 그냥 보이는 대로 믿기로 했잖아. 답도 없는 일로 머리만 아프기 싫어. 논리학 생각만으로도 머리가 이렇게 아픈데.

애지가 말했다.

"그럼 성을 곧바로 가로질러서 빠져나가자. 공기가 수상해."

"공기가?"

"안 좋은 느낌이야. 뭔가 엄청난 괴물이 성 안에 있는 것 같아."

애지가 이렇게까지 말한다면 정말 엄청나게 위험한 상황일지도 모른다. 지누는 겁이 덜컥 나서 걸음을 빨리했다. 하지만 성 안은 사람들로 북적거리고 있어서 빨리 가기도 쉽지 않았다. 처음 와보는 지누에게도 이 성 안의 분위기는 이상하게 흥분되어 있는 것 같았다.

그때 함성이 들려왔다.

최종족! 최종족! 최종족! 아싸아싸 최종족! 최종족! 최종족!

무슨 시위대가 구호를 외치는 소리 같았다. 아니, 선거철에 선거 운동원이 외치는 소리 쪽에 더 가깝다. 과연 사람들이 커다란 수레를 둘러싸고 행진해오는데 수레 위에 한 사람이 서서 만세 부르는 자세로 사방을 향해 인사를 하고 있지 않나. 수레를 자동차로 바꾸면 서울에서도 흔히 보는 광경이다.

"여기 선거 하나봐."

애지가 설명했다.

"여기는 항상 선거를 해. 이돌라를 뽑는 선거."

이돌라가 뭔지 묻는 대신 지누는 책을 펼쳤다. 설명이 있었다.

영국의 철학자 프랜시스 베이컨은 이돌라idola론을 펼쳤다. 이돌라는 우리말로 우상이라고 흔히 번역되어 왔지만, 베이컨은 우상이라기보다는 환영 혹은 허상이라는 의미로 사용한 용어이기 때문에 이돌라라고 부르는 것이 옳을 것이다.

베이컨은 인간이라면 누구나 선입견과 편견을 갖고 있다고 하고, 이것이 바른 인식과 견해를 갖는 것을 방해한다고 했다. 그는 이돌라를 넷으로 보았다.

1. 종족의 이돌라 : 인간이라는 종족성에서 비롯하는 이기심과 편견을 말하는 것으로, 인간의 감각을 사물의 척도로 생각하는 것이다.
2. 동굴의 이돌라 : 개인의 특수한 성질이나 편견에서 생기는 잘못된 생각이다.
3. 시장의 이돌라 : 사람들과 서로 말을 주고받는 중에 생기는 오류로, 불확실한 언어를 사실로 믿는 잘못을 말한다.
4. 극장의 이돌라 : 잘못된 학설에 의지하거나 전통적 권위에 의해 생기는 편견을 말한다.

프랜시스 베이컨1561~1626 영국의 정치가, 사상가, 철학자인 베이컨은 정치적으로는 보수적인 인물이었지만, 그의 과학정신은 당대의 그 어느 누구보다 앞서 있었다. 근대정신의 특징 가운데 하나를 과학적 접근 방법이라고 한다면 베이컨의 경험을 중시하는 귀납적 관찰 방법은 근대 과학정신의 초석이 되었다고 할 수 있다. 주요 저서로는 《수필집》《학문의 진보》《신아틀란티스》《신기관》 등이 있다. 특히 《신기관》에서 귀납 논리학을 창시했다.

논리의 **미궁**을 **탈출하라**

"뭐야, 이돌라란 안 좋은 거잖아. 오류, 편견, 뭐 그런 뜻이네."

애지는 고개를 저었다.

"여기선 성주를 이돌라라고 불러. 그러니까 성주를 선거로 뽑는다는 거지."

"왜 하필 그렇게 부를까?"

"실제로 이돌라가 되는 거니까."

"그건 또 무슨 뜻이야?"

"보면 알아."

이 말이 나올 줄 알았다. 그래서 어지간하면 애지에게 묻지 않고 책에서 찾아본 것인데. 보지 않고는 모르게 생겼다. 그래서 봤다.

수레가 멈추고 사람들이 조용해졌다. 최종족이라는 사람이 손을 내리고는 연설을 시작했다.

"존경하는 유권자 여러분! 기호 1번 최종족입니다. 제 이름에서 아시겠죠. 저는 우리 종족을 최우선으로 생각하는 사람입니다. 어떤 후보자는 성 밖의 종족들과도 공존을 모색해야 한다, 괴물도 생명이니 함께 사는 방안을 찾아야 한다, 자연을 보호해야 한다 하는데, 다 헛소리입니다, 여러분! 우리에겐 우리 종족의 생존이 최우선입니다! 일단 우리가 살고 봐야 공생이니 공존이니 의미가 있는 것 아니겠습니까! 우리 종족이 없고 나서야 세계가 무슨 의미 있습니까! 우리 종족을 최우선으로 생각하는 이 사람, 최종족에게 표를 주셔야 하지 않겠습니까, 여러분!"

그 다음은 귀가 따가울 정도의 환성이 울려 퍼졌다. 그때 애지가 소매를 잡아당기는 바람에 지누는 자리를 떴다. 최종족이라는 후보의 말은 어디서 많이 들어본 것도 같고 아닌 것도 같은 그런 말이라 재미있었다. 아까 책에서 본 종족의 이돌라와 일치하는 연설 같기도 했다. 저 후보는 정말로 그렇게 생각하고 있나 보다.

애지는 얼른 성을 빠져나가고 싶어 하는 것 같았지만 그들은 두 번째 후보와 마주쳐야 했다. 이개성이라는 후보였다.

"이 사람, 이개성이올시다. 개성이라고 해서 개 같은 성질이니 편협하다느니 하는 소리들 많이 하는데, 이 사람 확실히 말씀드리겠습니다. 그거 다 상대 후보들의 조작이고, 거짓말입니다! 이 사

람, 선거운동만으로 육십 평생을 보내온 사람입니다. 딱 보면 알아요! 제 욕 하고 다니는 사람들, 잡고서 다그치면 다 붑니다! 다른 후보들 운동원이라니까요! 그리고 한마디 더 하겠습니다. 기호 3번 황구라 아시죠? 그 사람 눈이 이렇게 옆으로 쫙 찢어지고 입술이 튀어나온 거 보셨죠! 이런 생김새의 사람들은 다 거짓말쟁이입니다! 입만 열면 거짓말을 해요! 이 사람 육십 평생 살아온 경험이 그렇게 말해주고 있어요! 믿어요!"

육십 평생에 어떻게 선거운동만으로 육십 년을 보냈을지 궁금했지만 이번에도 애지의 채근에 자리를 떠야 했다. 하지만 그들은 또 다른 후보의 연설장과 맞닥뜨려야 했다. 이제 지누는 연설내용보다도 애지가 빨리 떠나고 싶어 하는 이유가 더 궁금했다. 하지만 괜히 물었다가 또 '보면 알아' 같은 대답을 듣느니 먼저 말해줄 때까지 기다리는 게 나을 것 같았다.

"기호 3번 황구라입니다! 여러분 안녕하시죠? 가내 두루 평안하시고 집안에는 별 탈 없으시죠? 저 오늘 여기 놀라운 사실 하나 알려드리려고 나왔습니다. 기호 1번 최종족 후보!"

황구라 후보는 잠시 입을 다물고 사람들을 바라보다가 충분히 조용해지자 다시 입을 열었다.

"간첩입니다!"

사람들이 웅성거렸다. 황구라 후보가 다시 말했다.

"성 밖에 우글대며 호시탐탐 우리 이돌라 성을 노리는 괴물 몬스터들의 간첩입니다! 정보가 있어요! 밝힐 순 없지만 믿을 만한

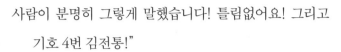

사람이 분명히 그렇게 말했습니다! 틀림없어요! 그리고 기호 4번 김전통!"

그는 다시 입을 다물었다. 그리고 조용해 지자 엄청난 비밀을 밝힌다는 듯 천천히 말 했다.

"고자입니다!"

결국 애지와 지누는 기호 4번 김전통 후보의 연설회 장까지 마주쳐야 했다. 그 는 다른 후보들과는 달리 여러 사람들과 함께 수레 위에 서 있었다. 그리고 한 사람 한 사람 을 소개하며 말했다.

"한 박사님 잘 아시죠, 여러분? 우리 성 안에서 최고의 학식과 경륜을 지니신 분인 거 다 아시죠? 한 박사님께서 절 지지하십니 다, 여러분!"

그는 한 박사라고 소개한 사람을 안고 등을 토닥이며 친분을 과 시했다. 그리고 그다음 사람에게 가서 손을 맞잡고는 들어 올려 인사했다.

"우리 성 최고의 무사인 홍 장사 아시죠, 여러분? 이 분도 저를 지지하십니다!"

애지가 이번엔 아주 강한 힘으로 지누의 팔을 잡아당겼다. 순간 적으로 지누의 발이 땅에서 떨어져 애지에게 끌려갈 정도였다.

논리의 **미궁**을 **탈출하라**

"늦기 전에 뛰자!"

무슨 일인지는 몰랐지만 지누도 최대한 뛰려고 했다. 하지만 애지가 끌어당기는 힘이 너무 강해 그냥 끌려갈 뿐이었다. 그들의 뒤에서 비명 소리가 울려 퍼졌다. 갑자기 땅이 갈라지며 거대한 이무기? 용? 아니, 커다랗고 수염 난 지렁이 같은 괴물이 나타나 사람들을 집어삼키기 시작한 것이다. 몸통 굵기가 지하철 차량보다 더 크고 땅 밖으로 나온 부분만 몇백 미터는 되어 보이는 괴물이었다.

그것뿐만이 아니었다. 갑자기 하늘이 몇 배로 어두워지는 듯하더니 성이 흔들릴 정도로 굉음이 들려왔다. 지누가 고개를 들어 하늘을 보자 거대한 독수리 같은 것이 날아다니고 있었다. 양쪽 날개를 다 펴면 성을 덮을 정도로 큰 독수리였다.

미션 3
추론의 대결

　대체 무슨 일이 일어나고 있는 걸까? 지누는 무너지는 성곽과 집들, 비명을 지르는 사람들 사이로 애지에게 반쯤은 끌려나가면서 궁금해했다. 진작부터 애지가 두려워했던 게 그 두 괴물이었나 보다 하는 짐작은 됐다. 어떤 식으로인지는 몰라도 애지는 그 두 괴물이 성을 노리고 있다는 사실을 미리 느끼고, 나타나기 전에 얼른 성을 빠져나가고 싶어 했던 것이다.

　신기할 정도로 두렵지 않았다. 알 수 없는 능력을 가진 애지조차도 걱정하며 두려워한 두 괴물이 난동을 부리는 현장을 빠져나가면서도 지누는 무서워하지 않았다. 괴물이라지만 어쩐지 자신과는 상관이 없을 듯한 기분이 들었기 때문이다. 도망가지 말고 오

152

히려 더 가까이 가서 보고 싶은 마음까지 들었다.

'괴물이 아닌 것 같아.'

그런 생각을 하는 사이 어느새 그들은 성을 빠져나와 달리고 있었다. 주변에 사람이 없으니 애지의 속도가 더 빨라졌다. 끌려가는 지누의 숨이 탁 막힐 정도였다. 속도 좀 줄이라고 외치고 싶었지만 입을 벌려도 소리가 안 나왔다. 그때 애지가 그런 지누의 마음을 알아차리기라도 한 듯 속도를 줄였다.

"좀 더 빨리 뛸 수 없어?"

애지가 초조한 빛으로 물었다. 애지를 만난 이후 어떤 식으로든 감정이 느껴지는 말을 들은 건 이번이 처음이다. 지누는 가쁜 숨을 몰아쉬면서도 고개를 끄덕였다.

"그, 그래 볼게."

열심히 뛰어볼 작정이었는데 애지는 갑자기 멈춰 섰다.

"아냐. 그럴 필요 없겠다. 그냥 천천히 가자."

이건 또 웬 변덕이람? 어쨌건 숨돌릴 틈이 생겼으니 좋다. 성과 괴물은 어떻게 됐나 볼 짬도 났고.

지누는 천천히 걸으면서 성 쪽으로 고개를 돌려보았다. 성은 이제 반이나 무너져버렸다. 곳곳에서 불길도 솟아오르고 있었다.

그런데 두 괴물은 이제 성을 부수고 사람들을 잡아먹는 일을 하지 않았다. 두 괴물끼리 싸움이 붙은 것이다. 그것도 이쪽으로 향해 오면서.

거대한 먹구름 같은 것이 그들을 향해 날아왔다. 그 먹구름 밑에서부터 땅까지 기둥처럼 연결된 것이 함께 다가왔다. 땅을 뒤집고 가르면서. 거대한 돌덩이들을 하늘까지 날려 보내면서.

지누는 새파랗게 질린 얼굴로 애지를 보았다. 이게 애지가 두려워하던 일이구나. 그런데 애지는 무덤덤하게 터벅터벅 걷고 있었다. 어쩔 수 없다는 듯, 체념한 것처럼. 지누는 애지의 손목을 잡았다. 그리고 뛰었다. 아까 애지가

그랬던 것처럼. 이번에는 지누가 힘을 낼 차례라고 생각한 것이다.

굉음이 뒤를 따라왔다. 폭풍처럼 강한 바람이 불고 하늘에서 자갈비가 쏟아져내렸다. 그러다가 지누는 뒤통수에 강한 충격을 받고 쓰러져버렸다. 눈앞이 캄캄해지더니 곧 그것마저 느껴지지 않았다. 지누는 날아온 돌덩이에 맞아 정신을 잃고 말았다.

다시 정신이 들었을 때 지누는 애지의 다리를 베고 누워 있는 자신을 발견했다.

"어?"

지누는 일어나려 했다. 하지만 머리가 핑 도는 것을 느끼고 다시 눕고 말았다. 애지가 어깨를 잡으며 말했다.

"조금 더 쉬어. 곧 괜찮아질 거야."

지누는 엄마의 팔베개를 하던 어린 시절 외에는 이렇게 여자와 가까이 있었던 적이 없었다. 그러니 부끄러워서 일어나려 했던 것이지 미안해서 일어나려 했던 것은 아니다. 하지만 애지의 손길을 거부할 힘도 없고, 굳이 거부해서 애지까지 부끄럽게 만들고 싶지도 않았다. 지누는 달아오른 뺨을 애지가 눈치채지 못하길 바라며 눈을 감았다.

시간이 얼마나 흘렀을까. 애지가 어깨를 두드렸다.

"이제 괜찮을 거야."

지누는 그 소리가 들리자마자 벌떡 일어났다. 가벼운 현기증이 따라왔지만 쓰러질 정도는 아니었다. 겨우 자세를 바로잡고 앉자 눈을 감고 있는 동안 내내 걱정했던 것부터 물었다.

논리의 미궁을 탈출하라

"책은?"

책은 애지가 잘 보관하고 있었다. 쓰러질 때까지 지누가 부둥켜 안고 있던 것을 빼내서 보관했다고 했다. 사고가 생긴 것은 책이 아니라 투구였다. 충족 이유율의 투구가 찌그러져서 뒹굴고 있었다.

"널 보호하다가 이렇게 된 거야. 바위에 맞으면서 벗겨져 충격을 완화시키지 않았으면 네 머리도 이 투구처럼 됐을걸? 그래서 내가 말했잖아. 이곳에서 필요 없는 건 아무것도 없다고."

투구를 안 쓰고 있었다면, 투구를 쓰고 있었다 하더라도 충격과 동시에 벗겨지면서 바위를 끌고 가지 않았다면 지누 머리도 저렇게 찌그러졌을 거라는 뜻이었다. 애지는 마치 투구가 일부러 그랬다는 듯이 말하고 있었다. 지누도 어쩐지 그 말이 믿어졌다. 그래서 투구를 쓰다듬으며 감사 인사를 했다.

"이미 죽었으니까 파묻어주자."

애지의 말이었다. 그 말과 동시에 하늘로부터 거대한 무언가가 떨어져 내리더니 땅을 찍고 다시 올라갔다. 앉아 있는 지누의 몸이 들썩거릴 정도로 큰 충격이었다. 고개를 들어본 지누는 자신의 눈을 믿을 수 없었다. 여태 산기슭이라고 생각했던 것이 알고 보니 거대한 독수리, 성에 나타났던 그 괴물이었던 것이다.

애지가 말했다.

"미안하다는 뜻으로 구덩이를 파준 거니까 거기 묻어."

지누는 영문을 모르면서도 방금 하늘에서 떨어져 내렸다가 올라간 것, 즉 독수리의 부리가 만들어준 구덩이에 투구를 묻었다.

커다란 구덩이라서 파묻는 것도 일이었다.

"놔두고 이리 와!"

애지가 외쳤다. 지누는 애지의 말대로 했다. 무슨 일이라도 생겼나 해서 달려갔다. 뒤에서 불도저가 움직이는 듯한 소리가 났다. 멈춰서 뒤돌아보고는 지누는 다시 한 번 눈을 크게 떴다. 이번에는 지렁이 괴물이 몸을 조금 움직여 생긴 흙으로 구덩이를 메워준 것이다.

애지가 말했다.

"소개할게. 귀납독수리와 연역지렁이야. 때때로 이돌라 성에 가서 비논리와 편견들을 먹어치우고 성을 부수곤 하는데 오늘 마침 가는 날이 겹쳤나봐. 둘은 나쁜 괴물은 아니지만 사이가 안 좋아서 만나면 서로 싸우거든. 괜히 그 통에 다칠까봐 서둘렀는데 결국 이렇게 됐네."

추론은 연역 추론과 귀납 추론으로 나누어볼 수 있다. 전통적 논리학에서 다루던 추론들은 삼단논법을 비롯하여 주로 연역 추론이다. 흔히 연역 추론은 일반적 원리로부터 특수한 사실을 이끌어내는 것이고, 귀납 추론은 특수한 사실들로부터 일반적 원리를 이끌어내는 추론 방식이라고 규정되어왔다. 하지만 반드시 그런 것만은 아니기 때문에 아래와 같이 규정한다.

연역 추론은 전제의 참이 결론의 참을 반드시 보증해주는 추론이다.

예) 모든 인간은 죽는다. 소크라테스는 인간이다. 그러므로 소크라테스는 죽는다.

귀납 추론은 전제의 참이 결론의 참을 개연적으로만 보증해주는 추론이다.

예) 소크라테스도 죽었고, 플라톤도 죽었고, 아리스토텔레스도 죽었고, 칸트
도 죽었다. 소크라테스, 플라톤, 아리스토텔레스, 칸트는 인간이다. 그러므로
모든 인간은 죽는다.

개연(蓋然) [명사] 확실하지는 않으나 대개 그럴 것 같음을 이르는 말.

책이 지누에게 보여준 내용이었다. 어디서 많이 듣던 이야기이

연역 추론 연역법에 의한 논증은 전제들이 결론이 진리임을 보여주는 결정적인 근
거가 되는 논증이다. 연역 논증의 경우에는 '타당한 논증'과 '부당한 논증'이란 말을
쓴다. 즉 전제들로부터 결론이 반드시 도출되면 타당한 논증이 된다. 수학의 문제풀
이 과정도 연역 논증에 속한다.
귀납 추론 귀납법은 개별적인 사실들로부터 일반 지식을 이끌어내는 방법으로 흔
히 일정한 수의 표본 사례를 가지고 그 집합 전체가 어떠하다고 주장하는 일반화의
형식을 취한다. 이때 표본 사례에 대한 주장은 전제가 되고, 전체 집합에 대한 주장
은 결론이 된다. 귀납 논증에서는 표본의 수가 많고 표본의 대표성이 강할수록 좋
은 귀납 논증이 된다.
삼단논법 두 개의 전제와 한 개의 결론, 즉 세 개의 명제로 이루어진 대표적인 간
접 추리이다. 표준적인 삼단논법을 정언적 삼단논법이라고 부르는데 여기에는 세
가지 규칙이 있다. 첫째, 정언적 삼단논법에 쓰이는 명사의 수는 세 개이다. 둘째,
사용되는 명제의 수도 세 개이다. 셋째, 전제들은 바른 순서로 열거되어야 한다. 이
규칙에서 벗어나면 오류에 빠지게 된다.

논리의 **미궁을 탈출하라**

기도 했다. 특히 소크라테스가 죽었네 살았네 하는 이야기가 그랬다. 그게 누군가 했더니 철학자였나 보다. 저게 삼단논법이라는 이름으로 불린다는 건 오늘 처음 알았다. 연역 추론의 대표적인 방식이 삼단논법이라고 한다. 그냥 쉽게 알아듣자면 연역 추론은 전제만 옳으면 결론이 반드시 참인 방식이고, 귀납 추론은 전제가 옳아도 결론이 확실하지는 않고, 그저 그럴 것 같은 결론을 뽑아내는 방식인 것이다.

그게 지금 왜 중요하냐 하면 여기 독수리가 귀납 추론의 원리로 사는 괴물이고, 지렁이는 연역 추론의 원리로 사는 괴물이기 때문이다. 그래서 이름도 귀납독수리에 연역지렁이다. 어찌 생각하면 어울리기도 하는 것이, 귀납독수리는 평소에도 하늘을 날아다니면서 온갖 먹잇감을 직접 눈으로 확인해서 잡아먹는다. 관찰과 조사를 중시하는 삶의 방식인 것이다.

그에 반해 연역지렁이는 눈이 없어서 어디 가면 반드시 먹이가 있다고 확신을 하고 움직인다. 무언가를 먹을 수 있느냐 없느냐는 그 확신이 옳은가 그렇지 않은가에 달려 있는 것이다. 평소에는 서로 하늘과 땅으로 갈라져서 살기 때문에 만날 일이 없지만, 만나면 서로 자기가 잘났다고 다투기 때문에 오늘 같은 일이 발생한 모양이다.

지누는 그렇게 이해했다. 그런데 사실 사람같이 생긴 그 괴물들이 비논리와 편견이라는 같은 먹이를 먹는다면, 이들 둘이 한 편이 될 수도 있다는 것 아닌가. 논리학에서의 연역 추론과 귀납 추론이 어차피 똑같은 목표인 진리를 찾아내기 위한 방법인 것처럼 말이다. 그러니 싸우지 않고 사이좋게 협조하며 살면 좋을 텐데.

애지에게 그렇게 말했더니 애지가 두 괴물에게 전해준 것 같았다. 두 괴물이 알아들었다는 듯 고개를 끄덕이고는 각자의 집으로 떠났다.

"앞으로 안 싸울까?"

그 자리를 떠나 다시 여행을 시작하면서 물었더니 애지는 대답 대신 질문을 던졌다.

"넌 한번 싸웠다 화해한 친구와 두번 다시 안 싸워?"

생각해봤다. 그럴 리 없잖아.

"싸울 일 있으면 또 싸우겠지."

애지가 결론을 지었다.

"저 둘도 그렇겠지, 아마."

지누는 내심 뭔가 큰일을 해냈다는 생각을 하고 있었기 때문에 애지의 그 말이 실망스러웠다. 그런 기분을 알아차리고 애지가 말했다.

"일단 오늘은 더 이상 안 싸우게 됐잖아. 그것만으로도 좋은 거라고 생각해. 그리고 어차피 목표와 적이 같으니까 필요하면 협력해서 하겠지."

기분이 조금 나아졌다.

논리의 **미궁**을 **탈출하라**

잠깐! 논리퀴즈

이번에는 논리학에서 'p 그리고 q'라고 했을 때는 둘 중 하나만 거짓이어도 이 명제가 거짓이 되며, 'p 또는 q'라고 했을 때는 p와 q 둘 다 거짓이어야만 명제가 거짓이 된다는 사실을 기억하고 아래 문제를 풀어야 한다. 즉, '지금은 봄이고 비가 내리고 있다'는 명제는 지금이 봄이 아니거나 봄이라도 비가 내리고 있지 않으면 거짓이다. 하지만 '지금은 봄이거나 혹은 비가 내리고 있다'는 명제는 지금이 봄이 아니고 비도 내리지 않는 상황일 때만 거짓이 된다.

참말만 하는 천사와 거짓말만 하는 악마들이 있는 곳에서 A와 B를 만났다. 겉으로 봐서는 누가 천사고 악마인지 알 수 없다. A가 이렇게 말했다.
"나는 악마지만 B는 악마가 아니다."
A는 무엇이겠는가? 그리고 그 이유는?

힌트__'나는 악마지만 B는 악마가 아니다'라는 문장을 논리학에 맞게 풀어서 쓰면 '나는 악마다. 그리고 B는 악마가 아니다'가 된다. 이 명제가 참이 되기 위해서는 '나는 악마'라는 진술과 'B는 악마가 아니다'라는 진술 모두가 참이어야 한다. 하지만 이 명제가 거짓이 되기 위해서는 두 진술 중 하나만 거짓이면 된다. 이 사실을 명심하고 생각해보자.

답__A가 자기 진술대로 악마라면 악마는 거짓말만 하므로 이 명제는 거짓이어야 한다. '나는 악마'라는 명제의 앞부분은 참이므로 'B는 악마가 아니다'라는 뒷부분은 거짓이어야 한다. 그러므로 A와 B 모두 악마다.
다른 가능성은 없는지 생각해보자. A가 만약 천사라면 '나는 악마'라는 진술은 거짓이다. 'p 그리고 q'라고 했을 때는 둘 중 하나만 거짓이어도 명제가 거짓이 된다는 걸 기억하는지. 그 원칙에 따라 A가 천사라면 이 명제가 거짓이 되므로 천사가 거짓말을 한 게 된다. 따라서 A는 천사가 아니다.

PART
5

감옥

악어의 눈물

아무리 먼 길도 끝은 있다. 아무리 먼 목적지도 여행자가 포기하지 않으면 언젠가는 다다를 수 있기 때문이다. 그리고 막상 도착해보면 생각보다 멀지 않았음을 깨닫게 되는 것이다. 지누와 애지의 여행도 그랬다.

그들은 지금 탑 앞에 서 있다. 안개 자욱한 바다를 항해하는 배가 한 점 희미한 등대 불빛을 기준으로 삼고 항로를 계산하듯 여태까지 목표로 삼고 향해 왔던 바로 그 탑이다. 여의도 63빌딩만큼이나 커 보인다. 그걸 기준으로 생각한다면 그들이 여태 여행해온 거리는 서울 시내에서 63빌딩이 보이는 한계치의 장소에서부터 63빌딩까지라는 게 된다. 택시로 치면 30분 안쪽에 불과하다.

물론 걷는다면 하루 종일 걸리겠지만.

이 탑이 63빌딩처럼 생겼다는 건 아니다. 그렇게 말하면 63빌딩에게 미안해진다. 가늘고 긴 통조림을 만들어서 돌아가며 못으로 구멍을 뚫은 다음 세워놓은 듯한 모습, 딱 그것이었다. 색깔도 거무튀튀, 불그죽죽한 것이 비 맞고 눈 맞아서 녹슨 통조림 같았다. 아무래도 철로 만든 탑 같다. 위쪽으로는 못으로 뚫은 구멍 같은 창문들이 무수하게 있었지만 한 바퀴 둘러보아도 출입구는 하나밖에 없는데 거기 기묘한 문지기가 있다. 그게 지금 지누를 괴롭히고 있었다.

옆으로 납작하고 긴 문이 있다. 납작하다지만 지누 키의 세 배는 되는 높이다. 그 문을 거의 꽉 채우고 긴 머리 하나가 튀어나와 있는데 튀어나온 대부분이 입이다. 커다란 콧구멍에 통방울눈, 벌렸다 닫았다 하는 입에는 삼각자 대신 써도 좋을 법한 이빨들이 늘어서 있다. 크기만 다를 뿐 동물원이나 TV 다큐멘터리 채널에서 (일요일엔 아빠가 오전 내내 소파에 누워서 다큐멘터리 채널만 보기 때문에 하는 수 없이 같이 본다) 볼 수 있는 악어의 모습이다.

줄여 말하자면 어마어마하게 큰 악어 대가리가 철탑으로 들어

악어의 눈물 악어는 큰 고깃덩이를 삼킬 때 우는 것처럼 눈에서 눈물이 나온다. 이 것이 마치 참회의 눈물 같지만 눈물샘의 자극에 의한 생물학적인 작용에 불과하다. 그래서 악어의 눈물은 위선적인 태도를 빗대는 표현으로 많이 사용된다.

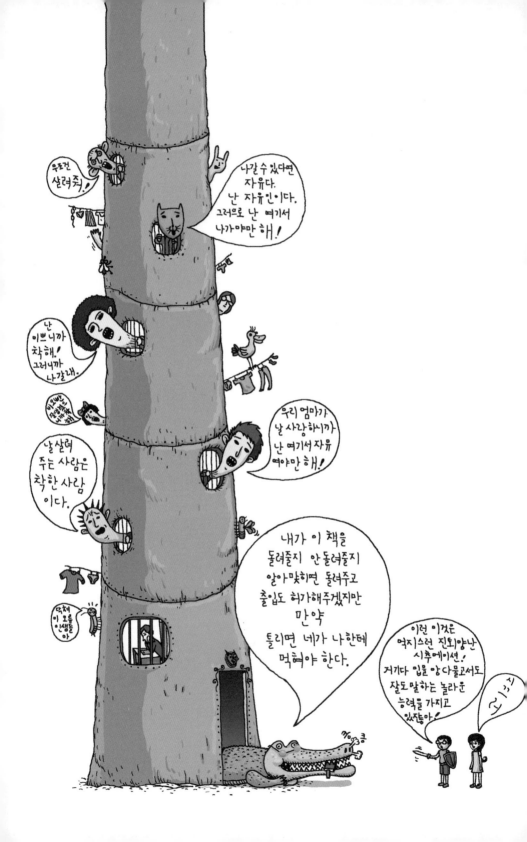

가는 유일한 출입구를 막고는 지누와 애지를 들여보내주지 않는다는 것이다. 게다가 그 커다란 입에는 지누의 안내자요 조력자인 책이 물려 있다. 지누에게는 한 짐이나 되는 백과사전 크기의 책이 악어 입에는 밥 먹다 붙은 밥풀 정도로 보인다는 점이 다르지만. 문 앞에 가서 들여보내달라는 말을 하는데 덥석 물려고 들었던 것이다. 재빨리 뒤로 물러나긴 했지만 옆구리에 끼고 있던 책을 그만 놓쳐버렸다. 악어는 지누 대신 책을 물고 갔고, 그때부터 억지를 부렸다.

"내가 이 책을 돌려줄지 안 돌려줄지 알아맞히면 돌려주고 출입도 허가해주지. 만약 틀리면 네가 나한테 먹혀야 한다."

악어의 말이었다. 그게 지금 지누의 머리를 아프게 만들었다. 돌려줄 거라고 하면 '틀렸어. 안 돌려줄 거야' 그럴 테고, 안 돌려줄 작정이라고 하면 '맞았어, 맞았지만 안 돌려줄 거야. 왜냐하면 넌 사실을 맞힌 거잖아. 그 사실이란 내가 안 돌려준다는 거고. 그러니 돌려줄 필요가 없지'라고 우길 게 뻔하잖은가.

이런 억지는 사실 힘 있는 쪽이 유리하다. 이 악어가 아니라 학교에서도 힘센 아이가 약한 아이의 물건을 빼앗아서 돌려줄까 말까 놀리는 일이 흔하다. 그 반대의 경우는 결코 생길 수 없다. 지누는 그런 아이에게서 물건을 빼앗아 약한 아이에게 돌려준 일도 있었다. 지금 그 기억이 되살아났다.

차라리 힘으로 해결할 수 있으면 좋겠다. 투구는 죽어서 묻었지만 아직 갑옷과 칼은 있다. 힘껏 싸워서 들어가고 못 들어가고를 결정한다면 그렇게 하겠다. 하지만 저쪽은 지금 인질을 잡고 있다. 싸우려고 들면 먼저 책부터 홀랑 삼켜버리겠지. 그럼 이겨서 배를 갈랐을 즈음엔 책장이 모두 녹아버린 후일지도 모른다. 하는 수 없이 저쪽의 억지스런 주장에 응대해야 하는 것이다.

'불쌍한 내 책.'

딱히 묘안이 없어서 안쓰럽게 바라보는데 악어의 입에 물려 있는 책장이 조금 팔랑거렸다. 귀퉁이만 조금이었지만 반딧불처럼 반짝이는 글씨가 보였다.

딜..레..마dilemma..양..도..논..법..

속으로 읽고 있는데 눈치를 챈 악어가 슈룹 하더니 책을 입 안으로 더 넣어버렸다. 책은 이제 귀퉁이만 조금 보였다. 더욱 불쌍해진 모습이었다.

여태 자기는 상관없다는 태도로 구경만 하고 있던 애지가 말했다.

"딜레마는 그리스어에서 나온 말이야. '디'는 둘이라는 뜻이고 '레마'는 가정이란 뜻이지. 돌려주거나 돌려주지 않거나 하는 두 개의 가정을 제시하고 양쪽 가정 모두에 자기에게 유리한 결론을 내려버리는 거야. 그럼 이쪽은 아주 불리해져. 진퇴양난이라는 말 있지? 그런 상황이 되는 거야."

"내가 지금 그래."

지누가 말했다.

"지독한 억지에 궤변이라는 건 알겠는데 해결할 방법은 없는 거야?"

애지는 잠시 침묵하다가 지누의 귀에 대고 귀엣말을 시작했다.

"내가 재미난 이야기 하나 해줄게. 혹시 도움이 될지도 몰라."

애지의 이야기는 이렇다.

고대 그리스에 프로타고라스란 철학자가 있었다. 그는 변론술도 가르쳤는데 어느 날 에우아틀로스라는 청년이 찾아와서 수업을 받게 되었다. 그는 수업료의 절반을 처음에 지불하고 나머지 반은 수업이 끝나고 자신이 최고의 변론가가 되면 주겠다고 약속했다. 시간이 지나 이 청년은 웅변술의 대가가 되어 그리스 아테네에서 명성을 날리게 되었음에도 불구하고 스승에게 수업료의 나머지를 지불하지 않았다. 여러 번 독촉을 했는데도 지불하지 않자 프로타고라스는 이 청년을 아테네 법정에 고소했다. 두 사람은 결국 수업료 때문에 법정에서 만나게 되었다.

당시 아테네에서는 재판 당사자들이 직접 혹은 대변인을 내세워 각자의 입장을 변호하는 방식으로 재판을 했다. 스승인 프로타고라스나 제자인 에우아틀

프로타고라스　고대 그리스 철학자. 트라키아 아브데라 출생. 소피스트의 대표적 인물이다. '인간은 만물의 척도다'라고 하는 그의 인간척도설은 진리의 기준이 개인의 감각에서 비롯된다고 보는 것이다. 또한 그는 약한 변론을 강하게 하여 자기 주장을 관철시키는 철학자가 사회적으로 성공할 수 있다고 했으며, 덕(德)의 교육이란 이런 생활상의 수단을 가르치는 것으로 생각했다.

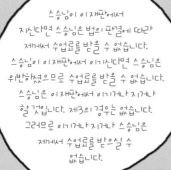

로스나 변론에는 자신이 있었기 때문에 직접 나섰다.

프로타고라스는 이렇게 주장했다.

"법원의 판결이 어떻게 나든 간에 나는 수업료를 받을 수 있다. 제가 만약 재판에서 진다면 그 법의 판결에 따라 내게 수업료를 내야 한다. 제자가 만약 재판에서 이긴다면 스승인 나까지 이김으로써 그리스 최고의 변론가가 되었다는 걸 증명한 셈이니 애초의 계약에 따라 수업료를 지불해야 한다.

제자는 이 재판에서 이기거나 지거나 할 것이다. 제3의 경우는 없다. 그러므로 이기거나 지거나 제자는 내게 수업료를 지불해야 한다."

제자는 반대로 주장했다.

"스승님이 이 재판에서 지신다면 스승님은 법의 판결에 따라 제게서 수업료를 받을 수 없습니다. 스승님이 이 재판에서 이기신다면 스승님은 저를 최고의 변론가로 만들어주겠다는 계약을 위반하셨으므로 수업료를 받을 수 없습니다.

스승님은 이 재판에서 이기거나 지거나 할 것입니다. 제3의 경우는 없습니다. 그러므로 이기거나 지거나 스승님은 제게서 수업료를 받으실 수 없습니다."

애지의 이야기는 끝났다.

지누가 물었다.

"그래서 재판 결과는 어떻게 됐어? 누가 이겼어?"

애지가 고개를 도리도리 저었다.

"몰라."

"몰라?"

"몰라."

지누는 실망스러워서 중얼거렸다.

"누가 이겼는지 몰라서야……."

애지가 말했다.

"둘 다 똑같은 논리로 나왔는데 누가 이기든 무슨 상관이겠니. 어느 쪽이 더 버티느냐에 달린 일이잖아."

지누는 고개를 끄덕였다. 그래, 처음부터 알고 있었듯이 어느 쪽이 더 강한가, 어느 쪽이 더 버티는가의 문제야. 일단 악어한테 할 말은 나왔네. 지누는 악어에게 한 발 다가가 말했다.

"넌 안 돌려줄 거야."

악어가 흐흐 웃으며 예상된 대답을 했다.

"맞았다. 난 안 돌려줄 것이다. 넌 문제

를 맞혔지만 돌려받을 수 없다. 왜냐하면 내가 돌려주면 넌 틀린 게 되니까 그땐 돌려받을 자격이 없는 것이다."

지누가 서둘러 말했다. 삼켜버린 뒤엔 늦으니까.

"아니, 넌 돌려줘야 해. 나는 무조건 돌려받게 돼 있어."

"왜? 난 그럴 생각 없다."

"네가 안 돌려준다면 방금 한 내 대답이 맞은 것이기 때문에 약속에 따라 돌려줘야 해. 네가 돌려준다면 내가 틀린 대답을 한 거지만 그건 돌려받은 후의 이야기야. 그러니 일단 돌려줘야 해."

악어에게도 고민스러운 표정이 있다면 지금 짓는 표정일 것이다. 알다가도 모르겠고, 모르다가도 알겠다는 알쏭달쏭한 빛이 두

뭐야…
결국 무조건
센 쪽이 이기는
시추에이션!

파앗

개의 퉁방울눈에 역력히 떠올라 있었다. 그러다가 악어는 버럭 화를 내며 입을 벌렸다.

"자, 일단 책을 돌려주마. 그럼 넌 틀린 대답을 한 게 되니까 내게 먹혀야 한다. 얼른 이리 와!"

그 말대로 지누는 악어에게 다가가 책을 받았다. 그리고 몰래 뽑아든 칼을 악어의 벌린 입속에 꽂았다.

끔찍한 비명 소리나 발버둥은 없었다. 악어는 칼이 꽂히자 허깨비처럼 사라져버렸다. 악어 역시 논리학 괴물이었다.

미션 2
오류의 감옥

탑 안은 커다란 원통 같았다. 까마득히 높은 곳까지 지붕이 보이지 않았다. 위에서 아래까지 통으로 뚫어놓고 벽을 따라 철장을 세워놓았다. 수백 개의 네모난 새장을 커다란 원통 안쪽에 한 겹 붙여서 위로 쌓아간 모습을 상상해보라. 이곳이 딱 그랬다. 입구 반대쪽에 계단 같은 것이 있는데 그 계단은 꼭대기를 향해 나선형으로 돌며 끝없이 올라가고 있었다. 계단 앞에는 책상이 하나 있고, 한 사람이 의자에 앉아 책상에 엎드려 있었다. 수업시간에 졸 때 그러는 것처럼.

가까이 가자 고개를 들어 지누를 보는데, 자고 있었던 건 아니었다. 울고 있는 것이었다.

"누구냐?"

지누는 망설이다가 대답했다.

"서울에서 왔어요. 지누라고 합니다."

내가 누구라고 말하기란 얼마나 어려운지, 애지와 나눈 대화가 생각나서 망설인 것이지만 달리 대답할 말도 없었다. 그 사람은 청년이었는데 눈가로 흘러내린 눈물자국도 지우지 않고 어리둥절한 표정부터 지었다.

"서울이 어디냐?"

지누는 좌절해서 쓰러질 뻔했다. 바깥세상과 가까워졌다고 생각했는데 서울이라는 말도 못 들어본 사람을 만나다니. 집으로 가는 길은 아직 멀었구나 싶어서였다.

"그런 곳 있어요."

청년은 잠시 바라보더니 말했다.

"먼 곳이냐?"

"아주 먼 곳이에요."

"여기까지 오느라 피곤했겠구나. 좀 앉아 쉬어라."

청년은 책상 뒤에서 의자 두 개를 꺼내 내주었다. 나쁜 사람 같지는 않았다. 여태 만난 괴물이며 허깨비들처럼 존재감이 흐릿하지도 않고. 그래서 자연스럽게 질문이 나왔다.

"여긴 어디죠?"

청년이 놀란 표정으로 되물었다.

"어딘지도 모르고 왔단 말이냐?"

지누는 그렇다고 대답했다. 청년은 지누를 뜯어보더니 말했다.

"난 또 네가 여기 갇히기 위해 온 건 줄 알았다. 왜 호송관도 없이 왔나 했더니 넌 오류의 죄인이 아니었구나. 가만, 그럼 눈물 흘리는 악어가 안 들여보내줬을 텐데?"

지누는 찔끔해서 우물거리다가 털어놓았다.

"미안해요, 아저씨. 나한테 억지를 부려서 죽여버렸어요. 아저씨 악어였다면 정말 죄송해요."

청년이 화를 낼까봐 조마조마했는데 전혀 그렇지 않았다.

"정말? 네가 눈물 흘리는 악어를 죽여버렸다고? 어떻게?"

지누는 사실 그대로 털어놓았다. 청년은 반색하며 일어나 지누의 손을 잡고 마구 흔들어대었다.

"나도 그놈에게 갇혀 있는 거나 마찬가지 처지였어. 잘했다. 정말 잘했어."

청년은 흥분을 가라앉히고 앉더니 철탑에 대해 설명했다.

"이 감옥은 이 세계에 돌아다니는 수많은 논리학의 오류들을 잡아 가두는 곳이야. 잡아들이고 또 잡아들여도 끝없이 나오는 게 오류지. 여기만 오만 명이나 갇혀 있는데 밖에는 그 몇십 배나 더

> **오류** 일상적인 의미에서의 오류는 실수나 착오 등을 의미하지만 논리학에서 오류란 올바르지 못한 추리를 의미한다. 즉 추론의 형식이 잘못되었거나 근거가 주장을 충분히 뒷받침하지 못하는 추론을 오류라 한다.

있다지. 골치 아파 죽겠어. 게다가 가끔 오류가 아닌 진짜 사람들도 끌려오기 때문에 일일이 면담해서 오류인지 아닌지 판정해야 해. 무척 어려운 일이지."

청년은 한숨을 내쉬며 책상에 머리를 찧었다.

"난 논리학에 약하다구. 원래 이런 일 따위 하고 싶지 않았단 말이다!"

갑자기 무슨 생각을 했는지 고개를 번쩍 들고 지누를 바라본다.

"좋은 생각이 났어. 네가 날 도울 수 있겠다."

"제가 뭘요?"

"넌 눈물 흘리는 악어도 물리칠 만큼 논리에 강하잖아. 그러니까 네가 날 도울 수 있다는 거지."

청년의 사정은 이랬다. 그는 원래 정치인이 되기를 원했다. 그런데 홀어머니가 반대를 했단다. 이런 논리였다.

정치를 하다 보면 피치 못하게 거짓말을 해야 할 경우가 생긴다.
만약 네가 거짓말을 하면 신이 너를 미워할 것이다.
만약 네가 거짓말을 안 하면 사람들이 너를 미워할 것이다.
너는 거짓말을 하거나 안 하는 두 가지 중 하나일 것이다.
그러므로 너는 어느 쪽으로부터건 미움을 받게 될 것이다.

청년이 지누의 손을 잡고 부탁했다.

"제발 어머니를 설득할 수 있게 도와줘."

지누는 잠깐 생각해봤다. 이건 기본적으로 눈물 흘리는 악어의 문제와 다르지 않다. 그러니 해답도 쉽게 내놓을 수 있었다.

지누가 해답을 말해주자 청년은 뛸 듯이 기뻐하며 벽에 걸린 외투를 입었다. 그러고는 한마디를 남기고 떠나버렸다. 정답은 205쪽

"그럼 내 자리는 네가 대신 차지해! 안녕!"

지누는 부를 틈도 없이 문 밖으로 뛰어나가 사라져버리는 청년의 뒷모습을 멍하니 바라보았다. 뒤에서 애지가 쯧쯧 혀를 차고 있었다.

잠시 후, 청년이 앉아 있던 자리에는 지누가 앉아 있었다. 처음 보았을 때 청년이 취하던 자세 그대로, 즉 학교에서 조는 자세, 하지만 알고 보면 울고 싶은 걸 억지로 참고 있는 자세 말이다.

애지가 책상을 톡톡 두드렸다. 지누는 고개를 들어 애지를 바라보았다. 눈시울은 붉어져 있었지만 다행히 울지는 않았다. 애지가 말했다.

"슬퍼할 것 없어. 내가 말했잖아. 이곳에서 필요 없는 건 아무것도 없다고."

지누가 볼멘소리로 말했다.

"평생 이 자리에 묶여 살게 된 것 같은데 어떻게 안 슬퍼?"

"왜 이 자리에 평생 묶여 살아야 해?"

지누는 잠시 어리둥절한 표정이 되었다.

"어, 그러네. 왜 그런 생각을 하게 되었을까?"

방금 전까지는 그렇게 살아야 한다는 데 조금의 의문도 없었다.

하지만 그냥 떠나버리면 되잖아. 누가 막는 것도 아니고.

애지가 다시 한번 쯧쯧 혀를 차고는 말했다.

"지금도 그렇게 생각되지? 여기 있어야 한다는 생각이 강하게 들지 않아?"

"아니, 전혀. 내가 왜 여기 있어야 해? 난 집에 가야 한다구."

"그럼 저 문으로 나가봐."

"못할까 봐."

지누는 자리에서 일어났다. 이상하게 몸이 무거웠다. 책상 앞을 떠나려 했다. 그런데 애써보았지만 안 되었다. 문을 나서기는커녕 책상 앞을 떠나지도 못했다. 그래서는 안 된다는 생각이 지누를 강하게 묶어놓고 있었다.

"이게 뭐지?"

애지가 말했다.

"흥분하지 말고 잘 들어. 이제 네 여행은 거의 끝났어. 결승선에 가까이 왔다는 거야. 하지만 아직도 난관은 몇 개 더 있어. 그중 하나가 여기 이것들이야."

애지는 손을 들어 위를 가리켰다. 끝없이 쌓아 올려진 철장들, 그 하나하나에 죄수들이 갇혀 있었다. 오류의 죄인 오만 명이.

"저걸 어떻게든 처리해야 한다고 생각하지 않아?"

"그래. 그런 압박을 느끼고 있었어. 원래는 내가 할 일도 아닌데 왜 그런 생각이 들었지?"

"그 자리에 앉으면 그렇게 돼. 어쨌든 그렇게 압박을 느끼면 해야지 뭐. 해치우고 나면 홀가분해질 것 같지 않아?"

"오만 명을?"

"오만 개의 오류, 혹은 무고한 사람들을."

"오만 개의 문제를 풀어야 한다고?"

"그런 셈이지."

"내가 해낼 수 있을 것 같아?"

"할 수 없어도 해야지 뭐."

지누는 다시 책상에 머리를 박았다. 해낼 수 있을 리 없다. 오류가 어떤 게 있는지도 아직 잘 모르잖아. 책상이 부르르 떨렸다. 책이 팔락거리고 있었다.

책은 여기 있어요. 당신을 떠나지 않아요.

그래 책을 참고하면 어떻게든 될지도 모르지.

지누의 마음이 조금 가벼워졌다. 애지가 어깨를 토닥거리며 말했다.

"맘 편히 생각해. 그게 어떤 오류인지 이름을 맞히는 건 중요하지 않아. 오류인지 아닌지, 오류라면 왜 오류인지가 중요한 거야. 너는 오류의 종류를 감별하는 자리에 있는 게 아니라 오류인지 아닌지를 판정하는 자리에 있는 거니까."

훨씬 더 마음이 편해졌다. 하지만 지누는 지금도 간절히 생각하고 있었다.

'누가 대신 좀 해줬으면.'

오류 판정관

    독자 여러분 중에는 오랫동안 고생을 하며 여기까지 온 지누 대신 오류 판정관의 일을 해주고 싶은 마음 착한 학생도 있을 것이다. 난 사실 아주 많을 거라고 기대한다. 여기까지 따라왔다면 그럴 능력도 충분히 키웠으리라고 믿는다. 애지의 말대로 그게 어떤 오류라고 이름을 맞히는 것은 중요하지 않다. 물론 맞힐 수 있으면 더욱 좋다. 종류를 말할 수 있으면 틀릴 가능성은 더욱 적어지니까.

    이런 일에선 무고한 희생자를 만들지 않는 게 중요하다. 무고한 사람을 오류라고 잘못 판정하면 그 사람은 계속 갇혀 있어야 할 것 아닌가. 그건 아주 괴롭고 미안한 일이다.

이런 부담을 감수하고라도 지누를 돕고 싶은 사람은 이 특별 미션을 해주기 바란다. 겨우 몇십 개일 뿐이다. 지누가 해결해야 하는 건 오만 개나 된다. 자그마치 오만 개.

하지만 학생 여러분이 도와준다면 쉬워진다. 일인당 여기 있는 문제들만 풀어준다고 생각해보자. 열 명이면 벌써 몇백 개다. 백 명이면 몇천, 천 명이면 지누가 손을 댈 필요도 없어진다. 오만 개의 문제가 단번에 해결되는 것이다. 도와주겠지?

우리 길동무인 책이 했던 말을 다시 한 번 상기해보기 바란다.

겁먹지 말아줘!
논리는 그렇게 어렵지 않다구!

자, 그럼 우리 모두
오류 판정관이 되어
볼까요?
부록의 '특별미션 도우미'를
봐 주세요.

미션 3

야누스의 문

    오만 개의 미결 사건이 해결되었다. 사만이 넘는 오류가 오류로 확정되어 삭제처리되었고, 일만이 조금 안 되는 무고한 죄수들이 다시 풀려났다. 오류의 감옥은 애지와 지누, 책을 제외하면 생쥐 한 마리 없이 깔끔하게 정리되었다.

    그 텅 빈 공간에서 지누는 느긋한 휴식을 취하고 있었다. 하지만 곧 진짜 목적을 상기하고 지누는 급히 눈을 떴다.

    "애지야!"

    애지는 건너편 의자에 앉아 조는 듯 눈을 감고 있다가 부르는 소리에 눈을 떴다. 지누가 말했다.

    "이제 우리 어쩌지? 다음엔 어디로 가야 하는 거야?"

애지가 고개를 저었다.

"아무 데로도 안 가."

"집엔 가야 할 거 아냐."

"집이 이리로 올 거야."

애지의 말이 신호라도 된 것처럼 주변의 풍경이 바뀌기 시작했다. 원통형의 강철 감옥에서 사각형의 커다란, 더없이 커다란 방으로. 애지와 지누가 있는 곳은 서울역 매표소만큼이나 넓은 방으로 변했다. 새하얗게 색칠된 공간은 텅 비어 있었고, 애지와 지누, 책이 있는 장소의 반대편에는 문이 있었다. 열린 문이었다. 그 열린 문 밖으로 지누의 눈에 익숙한 모습이 보였다. 창고였다.

틀림없었다. 책꽂이로 가득 찬 미로가 아니라 이곳저곳 무질서하게 책이 쌓여 있고, 박스가 있는 지저분한 공간, 삼촌의 서재였다.

지누는 달려갔다. 저 문만 지나면 바깥 세계다. 엄마와 아빠, 그리고 삼촌과 친구들이 있는 곳이다.

그런데 문 앞에 거의 다가가자 애지가 앞을 막았다. 지누는 애지의 옆으로 스쳐 지나가서 문 밖으로 나가려다가 보이지 않는 공간에 세게 부딪혀서 뒤로 넘어졌다. 너무너무 아팠다.

> **야누스** 로마 신화에 나오는 신(神). 본래 사물의 시초를 주재하는 신으로, 문의 수호신이 되어 앞뒤를 향한 두 개의 얼굴을 가진 모습으로 표현되었다. 문은 모든 행동의 시초를 상징하므로 야누스는 종교의식 때 여러 신의 선두에 서며, 달력의 1월 January, 라틴어로는 Januarius도 그의 이름에서 유래한 것이다.

애지가 옆에 서서 말했다.

"그래서 말렸더니, 쯧쯧."

"대체 뭐가 있었던 거야?"

지누는 코를 만지며 몸을 일으켰다. 다행히 코피는 안 난다. 하지만 눈물이 찔끔 나는 건 어쩔 수 없었다.

"마지막 관문이야. 시험은 아직 끝난 게 아닌 거야."

"그 지겨운 시험이 또 남은 거야?"

"마지막이잖아. 그리고 끝이 좋아야 모든 게 좋은 거야. 다시 처음부터 하고 싶어?"

"죽어도 그렇게는 못해!"

지누는 소리를 빽 지르고 일어났다. 문은 커다란 한 짝으로 돼 있는데 옆으로 열려 있는 것도 아니고 안으로 열려 있었다. 그것도 포개져서 열린 것이 아니라 문의 중앙을 중심으로 90도 회전해서 열려 있기 때문에 지나가려면 양쪽 옆으로 지나가야 했다.

지누는 분명 그렇게 했다. 그런데 아무것도 없는 공간에서 무언가와 부딪혀 나자빠진 것이다.

애지가 말했다.

"먼저 선택을 해야 해. 그다음엔 시험을 치러야 하고. 성공하면 나갈 수 있어. 실패하면……."

"실패하면?"

애지가 장난기 어린 표정을 짓더니(세상에나!) 음침한 목소리를 내었다.

"알고 싶어?"

"아니."

지누는 손사래를 쳤다.

"그런데 뭘 선택해야 한다는 거야?"

말하면서 문을 살펴봤더니 조금 전에는 바빠서 못 본 것이 눈에 들어왔다. 문 양쪽에 조각이 되어 있는 것이다. 한쪽은 갑옷을 입은 고대 로마 장군의 조각 같았고, 다른 한쪽은 발 아래까지 내려오는 긴 옷을 입은 남자의 조각이었다. 손에는 나뭇가지를 들고 있었다.

애지가 말했다.

"두 조각 중 하나를 선택해야 한다는 거야. 어느 쪽을 선택하느냐에 따라 시험이 달라져."

"어느 쪽을 선택하는 게 좋을까?"

대답이 없었다. 지누가 바라보자 애지가 말했다.

"미안하지만 여긴 네 운명에 맡겨야 해. 난 조금도 힌트를 줄 수 없어."

애지는 잠시 생각하고는 말을 이었다.

"어느 쪽이건 어려운 시험일 거야. 네 운명에 맡길 수밖에."

지누는 고개를 끄덕였다. 그리고 망설임 없이 장군 조각상을 건드렸다. 그냥 그쪽이 멋있어 보인다는 이유만으로 한 즉흥적인 선택이었다. 애지가 한숨을 내쉬었다.

"선택을 했으니 말해도 되겠네. 그건 야누스의 문이야. 고대 로

마인들의 신이라고 해. 한쪽은 전쟁을 뜻하고 다른 한쪽은 평화를 뜻해. 시작과 끝을 뜻하기도 해. 네가 어느 쪽을 선택했는지 이제 알겠니?"

전쟁 그리고 시작 쪽을 선택한 것 같았다. 그럼 뭐가 달라지는데? 어떤 시험이 시작되는 거야?

돌바닥 위로 바위를 밀고 가면 날 듯한 소리가 들렸다. 문이 움직였다. 아니, 문은 그대로 있는데 문에 새겨진 조각상이 움직이고 있었다. 장군 조각상이 문에서 벗어나 돌바닥에 내려서고 있었다. 한 손에 칼, 다른 손에 방패를 들고.

지누는 놀라서 애지를 향해 물었다.

"뭐야? 싸워야 하는 거야?"

애지가 대답했다.

"그게 네 운명인가봐. 살아남길 빌어줄게."

"살아남기를 빈다고? 죽을 수도 있다는 거냐?"

지누는 칼을 뽑으며 외쳐 물었다.

"평화 쪽을 선택했으면 어떤 시험이야?"

애지는 뒤로 물러나며 대답했다.

"수수께끼였을 거야. 논리학 문제였을 수도 있고. 어쨌든 그쪽은 틀리면 처음부터 다시 시작해야 하지만 생명에는 지장이 없었을 텐데."

"그럼 됐어. 처음부터 다시 하느니 차라리 죽는 게 나아! 리스타팅보다는 게임 오버가 낫다구!"

조각상이 다가와 칼을 높이 들었다가 내리쳤다. 지누는 방패를 들어 힘껏 막았다. 실수였다. 방패는 산산조각이 나고 지누는 뒤로 나뒹굴었다. 한동안 지누는 정신을 못 차리고 누워 있었다. 힘이 차이가 나도 너무 났다. 곰에게 한 방 맞은 기분이었다. 실제로 곰에게 맞아본 일은 없지만.

쿵·쿵·쿵·쿵.

무거운 발소리. 조각상이 다가오고 있나 보다. 하지만 지금은 일어날 힘도, 정신도 없는걸.

쿵·쿵·쿵·쿵.

바로 앞까지 왔겠네. 이제 곧 칼로 내려치겠지? 그럼 난 죽는 거야? 게임 오버?

쿵·쿵·쿵·쿵.

되게 느리네. 아직도 안 끝났냐? 대체 뭐 하는 거야?

지누는 눈을 뜨고 몸을 일으켰다. 그리고 놀랐다. 지누가 놓쳐버린 칼을 애지가 들고 조각상과 싸우고 있었다. 책은 표지를 날개 삼아 날면서 조각상을 방해하고 있었다. 벌써 싸운 지 한참 됐는지 애지의 원피스가 찢겨 있고 책도 책장이 여러 장 찢겨나가 너덜거리고 있었다.

지누는 일어서려고 애를 썼다. 가슴이 아팠다. 만져보니 갑옷이

찢겨나갔다. 아까의 일격으로 방패뿐 아니라 갑옷까지 망가진 것이다. 하지만 몸에는 상처가 없다. 투구처럼 저 방패와 갑옷도 지누를 위해 희생한 것인지도 모른다. 틀림없이 그렇다.

지누는 힘을 냈다. 어쩌다가 이상한 세계에 흘러 들어와 이상하고 괴상한 고생을 하긴 했지만 이렇게 그를 위해 싸우고 죽어주는 동료가 있다. 게임 속에서만 체험했던 짙은 동료애를 지누는 이 순간 느낄 수 있었다. 끝까지 같이 싸워야 한다. 그게 동료의 의리고, 동료애다. 비록 그게 게임 속 이야기라고 해도. 비록 그게 한낱 꿈속의 일이라고 해도.

무기로 쓸 만한 것을 찾아봤지만 적당한 게 보이지 않았다. 무기가 없으면 맨손으로라도 싸우는 거야. 지누는 더 이상 생각하지 않았다. 앞뒤를 가리지도 않았다. 마침 기회가 보였다. 지누는 다

논리의 **미궁을 탈출하라**

짜고짜 뛰어가서 슬라이딩을 했다. 그래서 조각상의 다리에 태클을 걸었다.

체중이 얼마 안 나가는 지누가 태클을 걸어봤자 조각상이 넘어질 가능성은 낮았다. 혹시 성공하면 그건 또 그것대로 문제였다. 지누에게로 넘어지면 꼼짝없이 바위에 깔린 생쥐 꼴이 되는 것이다.

불행인지 다행인지, 아니면 애지가 지누의 달려오는 모습을 보고 타이밍을 맞춘 것인지도 모른다. 그래, 그게 틀림없다. 지누가 태클을 거는 것과 동시에 조각상에게 뛰어들어 칼로 내리쳤으니까. 조각상이 혹시 쓰러지더라도 지누에게로는 안 쓰러지는 방향을 정확하게 계산해서.

조각상은 바닥에 넘어지며 산산조각이 났다. 돌덩이가 튀었다. 그중 몇 개는 쓰러진 지누 위로 떨어져 내렸다. 지누는 기진맥진

해서 엎드려 있었다. 아직 정신이 있다. 숨 쉬기가 좀 곤란하지만 그건 지금 날리는 돌가루 때문일 거다. 귓가로 애지의 외침이 들려왔다.

"늦으면 안 돼! 얼른!"

"얼른 뭐?"

"얼른 일어나 밖으로 나가! 문이 닫히고 있어!"

"뭐? 그럼 정말 큰일이지!"

지누는 일어났다. 정말 문이 닫히고 있었다. 지누는 문으로 달려갔다. 그러다가 멈춰서 애지와 책을 돌아보았다. 둘 다 너덜너덜 몰골이 말이 아니었다. 칼도 이가 다 빠졌다. 애지가 손을 저었다. 얼른 나가라는 신호였다. 책도 책장을 팔락거렸다. 거기 반짝이는 글씨.

✦ 겁먹지 말아줘! ✦

지누는 웃었다. 눈물을 흘리면서 웃었다. 그리고 이제 조금밖에 여유가 없는 문밖으로 뛰쳐나갔다.

그건 꿈이었을까.

지누는 아침에, 하루도 안 지난 아침에 삼촌의 서재에서 자다가 삼촌이 깨우는 바람에 일어났다.

"웬일로 여기서 잤냐?"

지누는 우물우물 얼버무리며 입고 있는 옷을 살폈다. 어젯밤에 입은 옷 그대로였다. (아, 어젯밤이라니! 한 달은 지난 것 같았다.) 입은 옷 그대로라는 건 역시 그 한 달의 이야기가 개꿈에 불과했다는 증거일 것이다. 분명히 문 밖으로 나올 때 갑옷을 입고 있었는데.

"뭘 찾냐?"

혹시 갑옷 조각이라도 보이지 않을까 싶어 두리번거리는 지누를 향해 삼촌이 물었다.

"아뇨, 아무것도."

"싱거운 녀석 같으니. 얼른 세수하고 들어가서 아침 먹어라. 방에 차려뒀다."

"예."

지누는 인사하고 나가려고 하다가 멈추었다.

"저, 삼촌."

"왜?"

삼촌은 책상을 향해 앉더니 돌아보지도 않고 대꾸했다.

"논리학 책 있어요? 가능하면 쉬운 걸로."

삼촌이 놀란 눈으로 돌아보았다. 믿을 수 없다는 듯한 감정이 표정에 역력하게 드러나 있었다.

"네가 책을? 그것도 논리학을?"

지누는 머리를 긁었다. 어쩐지 간지러워서 옆구리도 긁었다.

"뭐, 그냥 갑자기 흥미가 생겨서요."

"흠, 네가 읽을 논리학 지도서가 있을까……? 있을지도 모르겠다. 예전엔 무척이나 딱딱하고 어렵게들 썼는데 요즘은 가능한 한 쉽게 쓰려고 노력 중이라는 말을 들었지. 혹시 여기도 있을지 모르겠다."

지누가 말했다.

"저, 너무 쉬운 걸 찾으실 필욘 없어요. 저기……, 딱딱한 것도 나름대로 읽을 만하더라고요."

책을 뒤지며 삼촌이 웃었다.

"그래. 다른 말랑말랑한 책에 비하면 철학 책이 오래된 떡처럼 딱딱하긴 하지. 하지만 케이크가 맛있는 것처럼 딱딱한 떡도 맛있는 거다. 다른 맛이긴 하지만 말이지."

책을 받아 나오며 지누는 하늘을 보았다. 청자 빛깔처럼 푸른 하늘에 한 조각 흰 구름이 떠 있었다. 애지의 새하얀 얼굴처럼 하얀 구름이었다. 햇볕이 따가워서 눈물이 났다.

산길을 걸었다. 나뭇가지 사이에서 새들이 지저귀고 길가에는 이름 모를 들풀들이 자라나고 있었다. 모퉁이를 돌아서자 나무 아래에서 먹이를 찾던 다람쥐가 놀라 달아나기도 했다. 신선하고 생생했다. 안개가 낀 듯 흐릿하고 이상했던 책 속의 세상에 비해 이곳에서는 모든 게 또렷하고 생생했다. 하지만 재미가 없었다. 그리고 애지도 없다.

지누는 방으로 돌아와버렸다. 천장을 바라보며 한가하게 뒹굴거렸다. 평화롭고 한가했다. 체스 말들에게 위협당하던 때나 질문하는 입의 혓바닥 위에서 가슴을 졸일 때, 오류의 괴물들을 베어 넘길 때, 연역지렁이와 귀납독수리에게 쫓겨 달아날 때, 그리고 야누스의 문과 싸울 때 그렇게도 바라던 평화와 한가함이었다. 하지만 막상 한가해지자 평화는 곧 지루하고 심심한 것으로 바뀌었다.

마음이 괴로워졌다. 그 모든 고생을 애지와 함께했었는데. 뭐 실은 혼자 해결하도록 냉정하게 내버려두고 구경한 일도 많긴 했지만 그래도 위험한 순간에는 빠지지 않고 도와주지 않았던가. 특히 야누스의 문과 싸울 때는…….

지누는 일어나서 주먹으로 눈을 비볐다. 또 눈물이 났다. 어떻게 됐을까. 아마 죽었을 것이다. 아니, 애지는 특별한 애니까, 아주아주 특별한 애니까 오히려 이기고 살아남았을지도 몰라.

지누는 다시 벌렁 드러누웠다. 천장에 애지의 모습이 보이는 듯했다. 특히 상처 입고 쓰러져 있는 모습이.

지누는 몸을 굴려 엎드렸다. 그래, 그 위험스런 일들을 겪는 것보다 지루하고 심심한 게 낫지. 백 배 낫지.

지누는 애지의 모습을 눈에서 지우기 위해 삼촌에게서 받은 논리학 책을 펼쳤다. 어렵고 딱딱한 문장들이 해일처럼 덮쳐들었다. 어떻게든 참고 읽으려고 했지만 지누에게는 무리였다. 현기증이 날 때처럼 지누의 눈이 뱅뱅 돌았다. 이어서 누군가가 잡아 누르는 것처럼 눈꺼풀이 무거워졌다.

지누는 항복했다. 그리고 잠들었다.

갑자기 지누는 잠에서 깨어났다. 왜 그랬는지 모른다. 한번 잠들면 업어가도 모른다고 했던 지누였는데 갑자기 눈이 떠져버렸다. 지누는 고개를 옆으로 돌렸다. 연분홍 원피스 자락이 보였다. 지누는 벌떡 일어났다.

진짜로 애지가 옆에 있었다. 티 없이 깨끗한 원피스를 입고서. 조금도 다친 구석 없이 깨끗한 얼굴로.

지누는 한참 동안 어리둥절해하다가 간신히 말했다.

"무사했어?"

"그럼."

애지는 아무렇지도 않게, 무슨 일 있었어? 하는 투로 대답했다.

하루 종일 애지 생각을 하며 우울했던 게 억울할 정도였다. 지누는 한편으로 허탈하고 다른 한편으로는 안심이 되어 방바닥에 주저앉았다. 애지가 물었다.

"떠날 준비는?"

지누는 고개를 번쩍 치켜들어 애지를 바라보았다. 방금 무슨 이야기를 들었는지 귀를 의심했다. 떠날 준비라고 했니? 그 멀고 먼

길을 또 가자고? 머리에 쥐가 나도록 어려운 이야기들을 또 들어야 한다고? 미쳤니? 아니, 내가 미친 줄 알아? 내가 바보냐, 그 고생을 또 하게.

하지만 지누의 입은 이렇게 이야기하고 있었다. 침착하게. 노숙한 티까지 내며.

"준비가 뭐 따로 필요하겠어?"

이봐 이봐, 지금 내가 무슨 이야기를 한 거지?

"그럼 언제 출발할까?"

안 가겠다고 해. 아직 안 늦었어. 지금이라도 아픈 시늉을 하며 주저앉는 거야. 한 손을 이마에 대면서 하면 더 효과적이겠지. 마음은 굴뚝같지만 몸이 안 따라줘서라는 시늉을 하면서 '미안' 그러는 거야. 얼른 그렇게 해!

머릿속에 울려 퍼지는 외침과 달리 지누는 미소를 지으며 말했다.

"언제든지."

집이 있는데 한쪽 지붕은 60도, 반대쪽 지붕은 70도로 기울어져 있다. 이 집의 지붕 꼭대기에서 수탉이 달걀을 낳았다면 달걀은 지붕의 어느 쪽 경사면으로 떨어질까?

답__수탉은 달걀을 낳을 수 없으므로 문제 자체가 성립되지 않는다. 잘못된 전제로부터 발생한 오류라고 할 수 있다.

'달걀노른자는 하얗다'고 말하는 게 옳은가, 아니면 '달걀노른자들은 하얗다'고 말하는 게 옳은가.

답__달걀노른자는 노랗기 때문에 이것 역시 잘못된 전제로부터 발생한 오류다.

PART 5 미션 2_ 정치인 지망생과 어머니 문제의 답

어머니의 논리는 이렇다.
"정치를 하다 보면 피치 못하게 거짓말을 해야 할 경우가 생긴다.
만약 네가 거짓말을 하면 신이 너를 미워할 것이다.
만약 네가 거짓말을 안 하면 사람들이 너를 미워할 것이다.
너는 거짓말을 하거나 안 하는 두 가지 중 하나를 선택할 수밖에 없다.
그러므로 너는 어느 쪽으로부터건 미움을 받게 될 것이다."
아들은 이렇게 말하면 된다.
"정치를 하다 보면 피치 못하게 거짓말을 해야 할 경우가 생긴다.
만약 내가 거짓말을 하면 사람들이 나를 사랑할 것이다.
만약 내가 거짓말을 안 하면 신이 나를 사랑할 것이다.
나는 거짓말을 하거나 안 하는 두 가지 중 하나를 선택할 수밖에 없다.
그러므로 나는 어느 쪽으로부터건 사랑을 받게 될 것이다."
딜레마를 논박하는 방법에는 두 가지가 있는데 악어의 눈물 딜레마와 정치인 지망생 딜레마를 논박한 이 방법은 같은 것으로 '뿔을 잡는' 방법이라고 부른다.

부록

글 한국철학사상연구회 **유현상**

친절한판정관

01 특별 미션 도우미_오류 판정관

엄마 지누야. 이번 달부터 네 용돈을 30% 줄여야겠다.

지누 뭐라고요. 아니 갑자기 그러면 어떻게 해요?

엄마 네가 요즘 너무 군것질을 많이 하는 것 같아서.

지누 그야 배고프니까 그런 거죠.

엄마 아니. 엄마가 보기에는 밥 먹고 금방 게임하면서 과자도 먹는 것 같
던데. 그렇다면 너는 배가 고파도 먹고, 배가 고프지 않아도 먹는
다고 할 수 있어.

지누 그런데요?

엄마 너는 항상 배가 고프거나 고프지 않지?

지누 그야 당연하지요.

엄마 결론은 넌 늘 먹는다는 거야. 그러니 용돈이라도 줄여 네가 군것질
을 덜 하게 해야 하지 않겠어?

지누는 엄마의 말에 어안이 벙벙하면서도 어떻게 대꾸해야 좋을지 몰
랐다.

해설_거짓 딜레마의 오류 딜레마는 예상할 수 있는 두 경우에 모두 같은 결과가 나
오는 것을 뜻하는 논리 함정이다. 여기서 엄마는 딜레마 논증을 이용했지만 사실은
거짓 딜레마의 오류에 해당한다. 왜냐하면 지누는 항상 배고프거나 배고프지 않다고
해도 그때마다 항상 먹는 것은 아니기 때문이다.

애지와 지누는 금년 학생회장 선거에 모두 나가기로 했다. 그런데 지누는 아무리 생각해도 자기가 애지보다 여러모로 불리할 것 같았다. 그래서 지지를 얻기 위한 방안에 골몰하다가 한 가지 아이디어가 생각났다. 마침내 전체 학생들을 대상으로 한 유세가 열렸다. 지누의 순서가 되었다.

"사랑하는 학우 여러분! 저는 여러 면에서 부족한 점이 많지만 여러분이 저를 학생회장으로 뽑아주신다면 누구보다도 열심히 일하겠습니다."

여기까지는 무난했다. 하지만 그 다음의 내용이 문제가 되었다.

"그런데 제가 당선되어야 하는 더 중요한 이유는 따로 있습니다. 우리 학교에는 남학생이 여학생보다 훨씬 많이 있습니다. 따라서 남학생 여러분의 이익을 대변하기 위해서라도 남학생인 제가 꼭 당선되어야 한다고 생각합니다."

그런데 이게 어찌 된 것인지 지누에게 돌아온 것은 박수와 환호가 아니라 "우~ 우~" 하는 야유였다. 무엇이 문제였을까?

해설_군중에 호소하는 오류   지누는 남학생들의 수가 많다는 점을 고려하여 남학생들의 군중 심리를 자극하려 했다. 이렇게 여러 사람의 감정이나 심리 상태에 호소하는 것을 군중에 호소하는 오류라 한다.

애지   야! 지누야 너 일주일 전에 빌려간 내 MP3 안 줄 거야?

지누   어떡하지! 그거 고장났는데.

애지 아니 내가 그걸 사려고 부모님 몰래 아르바이트 얼마나 오래 한 건데.

지누 그래? 그럼 네 부모님이 네가 아르바이트한 거 알면 너 무지 혼나 겠네. 오늘 너네 집에 놀러 가면 안 될까?

애지 너 지금 무슨 소리 하는 거야?

지누의 말에 애지는 어떤 심정이었을까?

해설_위협에 호소하는 오류 지누는 자신의 잘못에 대한 애지의 공격을 막아보려고 애지의 약점을 이용해서 은근히 애지를 위협 혹은 협박하고 있다. 이렇게 상대방의 약점을 이용하는 것을 위협에 호소하는 오류라 한다.

오류 판정관 4

지누 애지야! 어제 내가 너랑 같이 공부했다고 우리 집에 가서 말 좀 잘 해주라.

애지 넌 시험이 코앞인데도 PC방에 있어놓고 나보고 거짓말을 하라는 거야?

지누 지난번에 게임하느라 시험 망쳐서 우리 부모님한테 무지 혼났단 말이야. 사람 하나 살리는 셈치고 한 번만 도와주라, 응 제발.

지누는 논리적 설득을 중시하는 애지를 설득시킬 수 있었을까?

해설_연민에 호소하는 오류 누구나 지누같이 곤란한 처지에 있을 때 다른 사람들 에게 애원해본 경험이 있을 것이다. 애원은 때로는 아주 효과적인 설득 수단이지만 논리적인 측면에서 본다면 연민에 호소하는 오류에 해당한다.

지누 이왕 이렇게 된 바에야 우리도 일본 대마도가 우리 땅이라고 주장
해 볼까?

애지 그렇게 감정적으로 대응할 문제는 아닌 것 같은데!

지누 아니 너는 일본놈들이 독도를 자기네 땅이라고 우기는 것이 분하
지도 않니?

애지는 지누의 말을 어떻게 반박해야 할까?

해설__증오에 호소하는 오류 지누는 자신의 감정적인 태도가 지적을 당하자 애지의
증오심을 불러일으키려 하고 있다. 지누는 대마도가 우리 땅이라고 할 근거를 제시했
어야 한다.

애지 나는 우리나라에서도 남녀평등 의식이 더욱 확산되어야 한다고 생
각해.

지누 음, 그러셔! 그러면 오늘 데이트 비용부터 반반씩 내보시지 그래.

이 말을 들은 애지는 다시는 지누와 데이트 같은 것은 안 한다고 하고 가
버렸다. 애지는 돈이 아까워서 그랬을까?

해설__비웃음의 오류 다른 사람의 진지한 주장을 비웃거나 농담으로 여기면서 공격
을 하는 태도이다. 이런 방식의 태도 역시 논리적으로 자신의 주장을 펼칠 자신이 없
을 경우에 사용한다.

오류 판정관 7

애지 지누야! 지난번에 나 아파서 결석한 날 노트 정리한 것 좀 빌려줘?

지누 언제는 내가 너보다 공부 못한다고 무시하더니 노트는 왜 빌려 달래?

애지 아이 그러지 말고 좀 빌려주라. 노트 정리는 네가 우리 반에서 최고 잘하니까 그러지.

애지도 지누가 아쉬울 때가 있나 보다.

해설__아첨에 호소하는 오류 이번에는 애지가 오류를 범하고 있다. 애지는 지누가 노트를 반드시 빌려주어야 하는 이유를 제시하지 않고, 지누의 기분을 좋게 해서 노트를 빌리고자 한 것이다.

오류 판정관 8

지누 애지야. 너 방학 숙제 다 했어?

애지 응. 그런데 그건 왜 물어?

지누 어디 한번 보여줘봐. 내가 잘했는지 어떤지 한번 봐줄 테니까.

애지 너 솔직히 말해. 내 숙제 보고 베끼려고 그러지?

지누 아니 너는 나의 순수한 호의를 이렇게 무시하기야?

해설__이기적 합리화의 오류 속으로는 자신의 이익을 위하면서도 겉으로는 다른 사람이나 공동체를 위한 것처럼 포장해서 주장을 하는 경우 이기적 합리화의 오류를 저지르는 것이다.

지누 애지야! 너 새로 산 참고서 하루만 빌려주면 안 되니?

애지 지누야! 너 또 참고서 산다고 돈 타고서 게임 CD 샀지?

지누 그걸 어떻게 알아?

애지 뻔하지 뭐! 너 만날 그렇게 거짓말까지 하면서 게임이 하고 싶니?

지누 그러는 너도 지난번에 MP3 사려고 너네 엄마 아빠 모르게 아르바이트했잖아?

해설_피장파장의 오류　자신의 잘못에 대한 지적을 피하기 위해 지누는 애지의 과거 잘못을 들어 반박하고 있다. 이와 같은 오류를 피장파장의 오류라 한다.

엄마 지누야! 오늘 너네 담임 선생님 만나고 왔는데, 수업 시간에 네가 집중을 하지 않는다고 하시던데…….

지누 에이, 엄마 그 말은 믿을 게 못 돼요.

엄마 아니 그게 무슨 소리니?

지누 선생님은 나같이 공부 못하는 애들한테는 관심도 없는데, 내가 수업 시간에 집중을 하는지 안 하는지 어떻게 알겠어요?

해설_개인에 호소하는 오류　어떤 사람의 성격이나 성향 혹은 약점을 근거로 그 사람의 주장을 신뢰할 수 없는 것으로 몰아붙이는 것을 개인에 호소하는 오류라고 한다.

애지   나는 지금부터 '건강 우유'만 마시기로 했어.

지누   왜? 다른 회사 우유하고 달라?

애지   어제 '건강 우유' 광고를 봤는데 예쁜 탤런트가 피부 미용에 탁월

         하다고 광고를 하더라고. 그렇게 피부가 깨끗한 사람이 하는 말이

         니 분명 '건강 우유'는 피부에 좋을 거야.

지누   아니 얘가 점점 나를 닮아가고 있네!

자기도 아는 것을 애지가 모른다니 지누로서도 답답한 모양이다. 예뻐

지고 싶은 욕심에 판단력을 잃은 것일까, 아니면 지누의 증상이 전염된

것일까?

해설_잘못된 권위에 호소하는 오류   자기 주장의 설득력을 높이는 효과적인 방법

중 하나가 믿을 만한 전문가의 견해를 근거로 삼는 것이다. 그런데 그다지 신뢰할 수

없는 사람의 말을 인용하는 것은 오히려 오류가 된다. 야구에 관한 이야기를 할 때는

축구 해설가의 말을 인용하는 것은 적절하지 않다.

오류 판정관 12

지누 엄마는 어느 날 지누의 담임선생님께서 상담 요청을 해와 학교에

갔다. 담임선생님은 지누가 성격도 좋고 친구들한테 인기도 많지만, 주

의가 산만하고 지시 사항을 잘 안 지킨다는 말씀을 했다. 이에 엄마는

"제가 자식을 잘못 가르친 죄인입니다. 죄송합니다 선생님"이라고 말했

다. 그러자 옆에 있던 지누가 "제가 잘한 것은 아니지만, 엄마가 감옥에

갈 정도의 잘못을 한 적은 없어요"라고 말했다.

해설__애매문의 오류　지누는 엄마의 표현을 곧이곧대로 해석하고 있다. 이와 같이 문장의 의미가 둘 이상 있을 수 있는데, 논증자가 이를 잘못 해석할 경우의 오류를 애매문의 오류라 한다.

오류 판정관 13

〈언젠가 유행한 유머 시리즈 한 토막〉

최불암 아저씨가 운영하는 약국에 지누가 왔다.

지누　아저씨, 쥐약 좀 주세요.

최불암　아니 왜? 쥐가 어디 아프다든?

지누　⋯⋯?

지누는 이 아저씨도 나만큼 심각하구나 하는 생각을 하며 나왔다.

해설__애매어의 오류　애매어의 오류는 사용된 단어의 의미가 둘 이상일 때 이를 잘못 사용하거나 잘못 해석하는 경우를 말한다.

오류 판정관 14

지누　안녕하세요. 애지 어머니.

애지 엄마　그래, 지누 왔구나. 애지는 지금 통화 중이니 잠깐 기다려라.

지누　예.

애지 엄마　그런데 지누야. 우리 애지가 좀 잘 따지는 성격이라 학교에서

지누 다른 아이들과 잘 지내는지 모르겠구나.

지누 그렇지요 뭐. 애지가 똑똑하기는 하지요.

애지 엄마 그렇구나! 지누 네가 많이 좀 도와주렴.

애지 엄마는 이렇게 말하면서도 석연치 않은 표정을 지었다. 지누는 도대체 무슨 짓을 한 것인가?

해설__강조의 오류 강조의 오류는 문장의 내용 중 하나만을 강조함으로써 원래의 의미를 왜곡하는 오류이다. 지누는 애지가 똑똑하다고 말하고는 있지만, 칭찬의 의미가 아니라 부정적인 평가로 말하고 있다.

오류 판정관 15

지누 애지야. 너 무슨 안 좋은 일 있어?

애지 있으면? 네가 해결해주기라도 할래? 관둬라, 관둬. 앓느니 죽지.

지누 그래? 그러면 죽기 전에 나한테 하고 싶은 말 있으면 다 해. 내가 다 들어줄게.

애지 아니 뭐야! 내가 너 때문에 정말 죽겠다.

해설__비유의 오류 애지의 말은 그야말로 말이 그렇다는 것이지 실제로 죽는 것이 낫다는 의미는 아니었다. 이렇게 수사적으로 표현한 말을 사실로 받아들임으로써 생기는 오류를 비유의 오류라 한다.

지누 애지야. 어제 나한테 빌려간 게임 CD 가져왔니?

애지 그거 내가 내일 준다고 했잖아.

지누 그래, 그러니까 오늘 줘야지.

애지 아이 참. 내가 분명히 내일 준다고 했으니까 내일 주면 되잖아.

해설_사용과 언급을 혼동하는 오류 사용과 언급을 혼동하는 오류라는 것은 실제 사용하는 말의 쓰임과 언급된 표현 그 자체를 혼동하는 경우의 오류를 뜻한다. 어제를 기준으로 내일은 분명히 오늘이다. 하지만 애지는 어제라는 말을 어제를 기준으로 하는 차원에서 사용한 것이 아니라 내일이라는 말을 언급해 항상 내일이라는 다른 차원에서 말을 하고 있다.

지누 인간은 왜 존재하지도 않는 용이나 유니콘 같은 것이 있다고 생각하지?

애지 왜 그런 것이 없다고만 생각하니?

지누 한 번도 본 적이 없으니까 없다고 생각하지.

애지 그것은 아직 발견되지 않았기 때문이라고 할 수도 있지?

지누 아직 발견되지 않았다면 사람들은 어떻게 그런 동물들을 생각할 수 있지?

애지 애가 오늘따라 집요하네. 이렇게 생각해보자. 유니콘은 어떤 동물이지?

지누 그야 하얀 말 모양에 머리에 뿔이 하나 달린 동물이지. 그래서 일각

수라고도 하지.

애지 그것 봐. 너도 유니콘에 대해서 그렇게 말을 하고 있잖아. 있지도

않은 것에 대해서 어떻게 정의하거나 설명할 수 있겠어?

해설__정의에 의한 존재 강요의 오류 다소 어렵게 들리는 오류이다. 실제로 존재하

지 않는 것이라도 정의는 내릴 수 있다. 이것은 마치 실제로 존재하지 않더라도 상상

을 할 수 있는 것과 같다. 그러나 정의를 내릴 수 있다고 해서 꼭 존재한다고 할 수는

없다. 유니콘에 대해 설명하거나 정의할 수 있다고 해서 유니콘이 존재하는 것은 아

니다.

오류 판정관 18

애지는 아직 뷔페에 가본 적이 없다. 지누 삼촌이 살던 시골에서 올라온

지 얼마 안 되기 때문이다. 그런데 어느 날 지누가 자기네 집안 행사가 있

으니 같이 뷔페 식당에 가자고 했다.

지누 음식들이 골고루 있으니까 좋지?

애지 그래, 마치 잔칫집에 온 것 같아.

지누 아직 맛본 것 없으면 천천히 골고루 많이 먹어.

애지 그런데 지누야 뷔페는 언제 나오는 거니?

지누 엉?

똑똑한 애지가 이번에는 무엇을 혼동한 것일까?

해설_범주 오류 낱낱의 것을 묶은 개념이라 할 수 있는 범주와 그 낱낱의 관계를 혼동하거나 같은 범주로 묶을 수 없는 것들을 같은 범주로 보아서 생기는 오류를 범주의 오류라 한다.

오류 판정관 19

지누 애지야. 좋은 친구란 어떤 친구라고 생각하니?

애지 글쎄. 그러는 넌 어떻게 생각해?

지누 친구를 위해서 자신의 손해를 기꺼이 감수할 수 있는 친구 사이라고 생각해.

애지 그래. 그렇게 생각할 수 있을 것 같아.

지누 그래서 말인데…… 어제 내가 네 MP3 고장을 냈거든.

애지 그래. 그런데 어쩌냐? 나는 너와 좋은 친구 사이가 될 수는 없을 것 같은데.

해설_은밀한 재정의의 오류 은밀한 재정의의 오류는 어떤 말의 의미를 마음대로 재정의하여 빠지는 오류를 의미한다. 지누는 좋은 친구에 대해 재정의함으로써 자신의 실수를 무마하려 했다.

오류 판정관 20

지누 애지야. 나 오늘 아주 중대한 결심을 했어.

애지 그게 뭔데.

지누 내가 자주 결심한 것을 지키지 않아서 다른 사람들에게 핀잔을 들잖아?

애지　그래서?

지누　지금 이 시간부터는 다른 사람들에게 내가 결심한 것을 절대 누구
한테도 말하지 않기로 했어.

애지　그걸 지금 결심이라고 나한테 말하는 거니?

모처럼의 굳은 결심이 또 핀잔거리로 전락하고 말았다. 왜 그런 것일까?

해설_자기 모순의 오류　자기 모순의 오류는 주장을 하는 가운데 서로 모순되는 말
이 등장함으로써 빠지는 오류이다. 지누는 결심을 절대 말하지 않겠다는 결심을 애지
한테 말하지 말았어야 그 결심이 의미를 갖게 된다.

오류 판정관 21

지누　애지야 아무래도 나는 옛 성인들의 말대로 살아가야 할 것 같아.

애지　또 무슨 엉뚱한 소리를 늘어놓으려고 그러니?

지누　사람이 진지하게 말을 하면 진지하게 좀 들어봐.

애지　애 봐라! 제법 심각한데! 도대체 무슨 소리야?

지누　나 지금부터 말 안 하고 살기로 했다.

애지　거봐 또 엉뚱한 소리 하고 있잖아.

지누　아니 도대체 너는 '침묵은 금'이라는 격언도 못 들어봤어?

애지　어련하시겠어? 그런 소리 할 바에야 정말 말 안 하고 사는 게 낫
겠다.

해설_불완전한 추상의 오류　지누는 '침묵은 금'이라는 격언의 추상적인 의미를 무조건 말하지 말라는 뜻으로 받아들이고 있다. 애초의 의미는 말을 조심하라는 것이지, 무조건 말을 하지 말라는 것은 아니다. 불완전한 추상의 오류는 비유의 오류와도 유사하다.

오류 판정관 22

애지　지누야. 네가 보기에도 내가 예쁘게 보이지는 않지?

지누　에이 너는 귀엽기는 해도 예쁘지는 않지.

애지　(이것도 남자 친구라고⋯⋯.) 그래서 말인데 나도 방학 때 성형 수술을 할까 봐.

지누　어떻게?

애지　눈, 코, 입, 귀 각각 최고로 아름다운 연예인들처럼 해달라고 하면 최고 미인이 되지 않겠어?

지누　호박에 줄 긋는다고 수박 되냐? 야, 정신차려. 너 성형 수술 안 해도 도망가지 않을 테니까.

해설_합성의 오류　합성의 오류는 부분적인 것들의 특징이 합성이 되었을 때도 여전히 집합의 특징이 될 것이라고 생각하는 오류이다. 애지는 부분들의 조화가 필요하다는 것을 생각하지 못했다.

오류 판정관 23

애지　지누야. 너도 옆반에 새로 전학 온 여자애 얼굴 봤어?

지누 응. 근데 왜?

애지 정말 그렇게 예뻐?

지누 응. 근데 왜?

애지 그 애는 좋겠다. 그렇게 예쁘다니. …… 눈, 코, 입 모두 얼마나 완벽하면 그렇게 예쁠까?

해설__분할의 오류 분할의 오류는 합성의 오류와 반대로 이해하면 된다. 집합의 속성이나 특징이 집합을 이루는 부분들의 속성과 일치한다고 보아서 생기는 오류이다.

오류 판정관 24

선생님 지누야. 인터넷의 이로운 점과 해로운 점에 대해서 네 생각을 말해볼래?

지누 선생님, 수업 시간에는 항상 조용히 하라고 하시고선, 저보고 지금 수업 시간에 떠들라고 하시면 어떡해요?

해설__우연의 오류 지누는 일반적인 원칙과 특수한 경우를 분리해서 생각하지 않고 있다. 일반적인 규칙이라도 예외적인 상황에서는 적용하지 않는 경우가 있다. 이런 차이를 생각하지 않아서 생기는 오류를 우연의 오류라 한다.

오류 판정관 25

엄마 너 지금 이걸 성적이라고 받아온 거야!

지누 아무래도 난 공부 체질이 아닌가 봐요.

엄마 말이나 안 하면 밉지나 않지. 공부에 체질이 어디 있어. 만날 노니 까 그렇지.

지누 너무 그러지 마세요. 행복은 성적순이 아니라는 말도 있잖아요.

해설_논점 일탈의 오류 만약 엄마가 지누에게 "누가 너더러 행복하라고 그러디? 공부 잘하라고 그러지"라고 한다면 지누는 할 말이 없게 된다. 이야기의 논점은 지누 의 성적에 관한 것이다. 그런데 지누는 그것을 행복의 문제로 바꾸고 있기 때문에 논 점 일탈의 오류를 범한 것이다.

오류 판정관 26

애지 지누야 너는 컴퓨터 게임이 그렇게 재미있니?

지누 두말하면 잔소리지.

애지 그렇지만 너희 부모님은 네가 컴퓨터 게임 때문에 공부도 안 하고, 방 안에만 있어서 살도 자꾸 더 찌는 것 같다고 걱정하시더라. 게 임은 중독성이 있어서 TV보다 훨씬 해롭잖아?

지누 네가 게임을 안 해서 모르나 본데, 게임을 하면 스트레스가 얼마나 잘 풀리는지 알아? 또 우리나라 게임 산업이 외화 획득에 얼마나 기여하는데 게임이 해롭다고 그러니?

애지 지금 그 이야기를 하는 게 아니잖아!

해설_논점 무시의 오류 지누는 애지가 말하려는 논점은 아예 고려하지 않고 게임 의 장점만을 일방적으로 늘어놓고 있다. 이러한 오류를 논점 무시의 오류라고 한다.

병철 이번 반 대항 축구 대회에서는 우리 반이 기필코 우승해야 한다고 생각합니다. 그러므로 대표로 뽑힌 아이들만이라도 교실 청소나 담당 구역 청소를 당분간은 빼주는 것이 좋다고 생각합니다.

지누 저도 우리 반이 우승을 해야 한다는 생각에는 동의합니다. 하지만 그렇다고 우리 반 교실이 쓰레기장이 되도록 내버려두자는 것에는 동의할 수 없습니다.

해설＿허수아비 공격의 오류 지누는 병철이의 주장을 반박하기 위해서 일부러 병철이가 주장하지 않은 이야기를 동원하고 있다. 이와 같이 상대방을 쉽게 공격하기 위해서 일부러 상대방의 주장을 바꾸어서 공격할 때 빠지는 오류를 허수아비 공격의 오류라고 한다.

오류 판정관 28

지누 다녀왔습니다.

아버지 그래 좀 늦었구나. 어디 있다 오는 거냐?

지누 학교에서 환경 미화 작업이 있었어요.

아버지 그렇구나. 그래 오늘 스타크는 병철이가 이겼니 네가 이겼니?

지누 그야 물론 내가 이겼지요.

해설＿복합 질문의 오류 지누의 아버지가 한 질문에는 두 가지 의미의 물음이 있다. 하나는 "환경 미화 때문이 아니라 PC방에서 게임을 하느라고 늦은 것 아니냐?"는 것이고, 다른 하나는 "그렇다면 누가 이겼니?"라는 것이다. 아버지의 의도는 지누가 거짓말한 것을 실토하게 하려는 것이다. 하지만 지누가 늦은 이유가 정말 환경 미화 때문이라면 아버지는 복합 질문의 오류를 범한 것이다. 지누는 아버지의 유도 심문에 넘어간 것이다.

오류 판정관 29

지누 사실 난 네가 가자고 하니까 다니기는 하지만 난 교회에 가도 하나님이 있다는 것을 믿지는 못하겠어. 너는 하나님이 있다는 것을 어떻게 증명할 수 있니?

애지 사실 종교적인 주장을 논리적으로 말하기는 쉽지 않아. 그렇지만 내 이야기를 잘 들어봐. 하나님이 있다는 것을 증명하기도 어렵지만, 있지 않다는 것을 증명할 수 있는 사람도 없어. 그러므로 적어도 하나님이 없다고 주장할 근거는 없어지는 셈이지.

지누 그게 그렇게 되는 건가?

자기 이야기를 잘 들어보라는 애지의 말을 잘 들어보기는 했지만 지누는 여전히 납득할 수가 없다는 표정이다. 애지의 주장은 맞는 것인가?

해설__무지에 호소하는 오류 애지는 지누가 알 수 없거나 증명할 수 없다는 점을 들어 반대 주장을 하는 자신이 옳다고 말하고 있다. 이런 오류를 무지에 호소하는 오류라고 말한다.

지누 엄마, 제 용돈 좀 올려주세요.

엄마 그래 좋아, 근데 그냥은 안 돼. 대신 조건이 있어. 이번 시험에서 5등 오르면 용돈을 올려줄게. 그러니까 일종의 상이라고 할 수 있지.

지누 어떻게 해서든 성적을 올릴 테니까 그 상을 미리 좀 주시면 안 될까요?

해설__본말 전도의 오류 상이란 어떤 행위나 공로가 밝혀진 다음에 주는 것이지 미리 주는 것은 아니다. 이렇게 어떤 일이나 사건의 선후 관계를 뒤집어서 판단할 때 본말 전도의 오류에 빠지게 된다.

오류 판정관 31

지누 애지야, 너는 왜 늘 우리 엄마하고 한통속이 되어 날 못 잡아먹어서 안달이니?

애지 내가 언제?

지누 잘 생각해봐. 우리 엄마가 시험공부 같이 하라고 하면 그렇게 하고, 게임하지 말라는 잔소리도 똑같고.

애지 그게 뭐가 잘못된 건데?

지누 넌 내 친구지 우리 엄마 친구니? 도대체 넌 누구 편이냐고?

애지 네가 만날 그런 생각이나 하고 있으니 내가 너희 엄마 말씀을 안 들을 수 있니?

애지가 지누의 생각에서 무엇이 문제라고 생각한 것일까?

해설_흑백 사고의 오류 애지는 지누의 편이 될 수도 있고, 지누 엄마의 편이 될 수도 있고, 동시에 둘 다의 편이 될 수도 있다. 흑백 사고는 선택의 여지가 둘 중에 하나만이 있는 것은 아닌데, 둘 중에 하나만을 선택해야 하는 상황이라고 생각해서 빠지게 되는 오류이다.

오류 판정관 32

애지 지누야. 나 이번 주 청소 당번인데 급한 일이 생겨서 못할 것 같아.

지누 그런데?

애지 나 대신 네가 이번 주 청소 당번 해주면 안 될까? 네 당번일 때 내가 대신할게.

지누 나도 그러고 싶지만, 이번 학기에는 지난주에 이미 내 청소 당번이 모두 끝났어.

애지 그래도 너와 나 사이에 그 정도 사정은 좀 봐줄 수 있잖아?

지누 그래, 그러면 대답부터 해봐. 너하고 나하고 어떤 사이인데?

애지 친구 사이지.

지누 친구 사이라고 불공정한 부탁을 들어주어야 할 이유는 뭔데?

애지 너 정말 이렇게 치사하게 나올래?

해설_사적인 관계에 호소하는 오류 애지는 지누에게 논리적으로 부탁을 할 수 없었기 때문에 지누에게 개인적인 친분을 고려해서 부탁을 한 것이다. 일상적인 부탁의 차원에서는 얼마든지 있을 수 있는 대화지만, 논리적으로 보면 사적인 관계에 호소하는 오류에 해당한다.

오류 판정관 33

지누는 아무리 생각해도 자신이 공부를 잘하기는 어려울 것 같았다. 엄마 아빠 말씀대로 게임 때문이었다. 그렇다고 게임을 그만둘 수는 없는 노릇이었다. 공부만 하다 보면 스트레스가 생겨 게임을 할 수밖에 없고, 게임을 하다 보면 실력이 더 떨어져서 그다음에는 더 큰 스트레스가 생길 것이고, 그러면 또 게임을 할 수밖에 없을 것이다. 이런 생각을 하니 머리가 빙빙 도는 것 같아 또 게임이나 해야겠다고 생각하고 컴퓨터를 켰다.

지누는 왜 머리가 빙빙 도는 느낌이 들었을까?

해설__순환 논법의 오류 순환 논법의 오류는 주장과 근거의 관계가 서로 되풀이되는 논증의 오류를 말한다.

오류 판정관 34

지누 애지야, 우리 짜장면 먹으러 가자. 내가 쏠게.

애지 나, 오늘은 짜장면 별로야.

지누 응, 그래? 배가 부르다 이거지. 그럼 나 혼자 먹으러 가지 뭐.

이렇게 말하고 돌아서는 지누의 뒤통수에는 애지의 싸늘한 눈초리가 꽂히고 있었다. 애지는 왜 화가 났을까?

해설__의도 확대의 오류 애지는 짜장면을 별로 먹고 싶지 않다는 것이지, 배가 고프지 않다는 것은 아니었다. 이렇게 상대방의 의도를 확대해서 해석하는 경우를 의도 확대의 오류라고 한다.

지누는 자신이 아주 귀한 존재라고 생각한다. 이는 단순한 자부심 차원이 아니라 구체적인 이유까지 있다. 그것은 바로 옛날에 지누의 조상들이 아주 지체 높은 양반들이었다는 것이다.

해설__발생학적 오류 발생학적 오류는 과거의 어떠한 사건이나 속성이나 기원이 그 후에도 지속된다고 가정하여 생기는 오류이다. 지누 집안의 조상들이 지체 높은 양반인 것은 신분제 사회에서나 통하는 것이다.

지누 그러니까 사람은 아무리 똑똑해도 학교를 다녀야 한다니까.

애지 갑자기 또 무슨 소리야?

지누 생각해봐. 학교를 안 다닐 때는 인간미라고는 하나도 없던 네가 학교에 다니고 나서는 훨씬 상냥해졌지. 그러니까 학교를 안 다니는 사람은 다른 사람을 만날 기회가 적어 대인관계도 그만큼 서툴지 않겠어?

애지 너 나 말고 학교를 안 다니던 친구를 만난 적 있어?

해설__성급한 일반화의 오류 성급한 일반화의 오류란 부분적이거나 특수한 사례를 가지고 일반적인 경우에도 적용된다고 생각할 때 빠지는 오류를 말한다. 애지와 같은 친구들을 많이 보지도 않았으면서 지누는 학교를 안 다니는 사람들 모두에 대해 성급한 판단을 내리고 있다.

오류 판정관 37

지누는 농구 선수들은 모두 키가 큰 것을 보고 자신이 농구를 하지 않아서 작다고 생각한다.

해설＿원인 애매의 오류 두 사건이 서로 연관이 있으나 어느 것이 원인인지 알 수 없을 때 어느 하나를 원인으로 잘못 가정함으로써 생기는 오류를 원인 애매의 오류라고 한다. 지누는 키 큰 사람들이 농구에 유리하기 때문에 키 큰 사람들이 주로 농구 선수가 된다는 점을 놓치고 있다.

오류 판정관 38

지누 애지야. 학교 앞 '맛나 분식' 알지?

애지 응. 근데 왜?

지누 오늘 거기 가서 떡볶이 먹자.

애지 그래. 그런데 왜 갑자기 그 분식집에 가자는 거야?

지누 응. 그 집 아줌마가 내가 가면 다른 아이들이 줄지어 들어온다고 재수가 좋대. 그러면서 다른 아이들보다 훨씬 많이 주신다.

애지 너한테는 좋은 일이지만 그 아주머니는 뭔가 착각을 하고 계신 것 같은데?

지누 뭘?

애지 우리 학교에서 그 집에 늘 제일 먼저 가는 사람이 도대체 누구니?

분식집 아주머니와 지누가 잘못 생각한 것은 무엇일까?

해설__거짓 원인의 오류 애지는 지누가 항상 그 분식집에 제일 먼저 가기 때문에 그 뒤에 다른 학생들이 가는 것이지, 지누가 정말 재수가 좋은 아이라서 그러는 것은 아니라고 말하는 것이다.

오류 판정관 39

수업 시간에 독도 문제에 대한 토론을 벌였다. 독도가 우리 땅이라는 주장에는 모두 같은 의견이었다. 지누는 어쩐지 뻔한 내용이라 심드렁하게 있었다. 선생님이 토론에 소극적인 지누를 보고 지누의 생각을 말해보라고 했다. 지누는 별생각 없이 "여기 있는 사람들 모두, 그리고 우리나라 사람들 모두 독도가 우리 땅이라고 믿고 있으니까 독도는 우리 땅입니다"라고 대충 말해버렸다. 그런데 이번에는 병철이가 문제였다. "그럼 일본 사람들도 모두 독도가 자기네 땅이라고 믿으면 독도가 일본 땅이 된다는 말입니까?" 하고 받아쳤다. 그러자 또 누군가가 "그러면 결국 독도는 우리 땅이기도 하고 일본 땅이기도 할 수 있다는 말이 됩니다" 하고 이어 받았다. 지누는 속으로 '선생님은 괜히 나를 시켜서 망신만 당하게 하고……'라고 생각하며 자리에 앉았다.

지누가 망신을 당했다고 느끼는 이유는 무엇일까?

해설__믿음에 호소하는 오류 사람들의 일반적인 믿음과 실제 사실이 일치하지 않는데도, 믿음이 사실을 뒷받침하는 이유가 된다고 생각해서 빠지는 오류를 믿음에 호소하는 오류라 한다.

지누는 시험해보지 않고 게임 CD를 샀다가 후회한 경험이 여러 번 있다. 그 이후로는 무엇이든 물건을 살 때는 신중하게 다 경험해보고 사려는 습관을 가지게 되었다. 주변에서도 모두 좋은 습관이라고 인정해주었다. 그런데 어느 날 그 습관이 문제를 일으켰다. 그날은 애지와 중국집에 간 날이었다.

지누 여기 무슨 음식이 맛있어요?

종업원 예, 모두 맛있습니다.

애지 어차피 모두 먹을 것도 아닌데…….

지누 그래도 시켰다가 맛없으면 후회하게 되잖아.

애지 그거야 그렇지.

지누 그러니까 너는 내가 하는 것을 보고만 있어. 아저씨 여기 메뉴판에 있는 것 모두 조금씩만 주세요.

종업원 아니 학생, 그렇게 주문을 하는 경우가 어디 있어요.

지누 왜 안 되나요? 할인 매장에 가면 무엇이든 시식할 수 있는데…….

해설_약한 유비의 오류 유비 추론은 유비가 되는 두 대상 간에 유사성이 강해야 설득력을 가진다. 지누는 할인 매장의 시식 코너와 중국집이 모두 음식을 파는 곳이라는 공통점만 생각했지, 음식을 만드는 과정의 차이는 생각하지 못한 것이다.

3학년을 맞아 첫 시험을 앞두고 지누 엄마는 애지에게 지누와 같이 시험

공부를 해달라고 부탁했다. 애지는 귀찮은 생각이 들기도 했지만, 그래도 제일 친한 친구 일이니 거절을 할 수가 없었다.

애지 지누야, 너네 엄마가 너 때문에 걱정이 많으시더라. 그러니 시험공부 좀 해라. 내가 같이 공부하면서 도와줄게.

지누 참! 너나 우리 엄마나 걱정도 많다. 이번 시험은 분명히 잘 볼 거니까 시험공부는 대강 해도 돼.

애지 왜?

지누 내가 어젯밤에 곰곰이 따져보니까 초등학교 때부터 새 학년 첫 시험은 항상 성적이 좋았더라고. 그런데 이번 시험도 첫 시험이니 틀림없이 성적이 좋을 거야.

애지 차라리 공부가 하기 싫으면 싫다고 말해.

애지는 지누가 운에만 의존하니까 별의별 생각을 다 한다고 느꼈다.

해설__도박사의 오류 지누는 자신의 판단이 확률에 기초한 올바른 판단이라고 생각했을 것이다. 하지만 확률적으로 일어나는 사건처럼 보여도 결국은 독립적인 사건들에 불과하다. 이와 같이 서로 별개의 사건들을 연관이 있는 것처럼 확률을 이용하는 것을 도박사의 오류라고 한다.

오류 판정관 42

지누 병철아. 올해 미국 프로야구에서 어느 팀이 우승할 것 같아?

병철 보스턴 레드삭스가 올해도 우승할 것 같아.

지누 내 생각에는 뉴욕 양키스가 우승할 것 같은데.

병철 왜?

지누 양키스 선수들의 연봉이 메이저리그 전체 팀 중에서 가장 높으니

까 그렇지.

해설__숫자 놀음의 오류 지누는 사람들이 흔히 거론하는 숫자의 의미를 오용함으로

써 설득력이 없는 주장을 하고 있다.

02 더 알아두면 좋은 논리학 상식

유개념(類概念)   유개념이라는 말은 종개념(種槪念)에 상대되는 것으로 하나의 개념이 다른 개념과 포함관계에 있을 때 상위 집합의 개념을 유개념이라 한다. 예를 들어, '인간'은 '동물'이라는 집합에 대해 종개념이 되고, '동물'은 '인간'에 대해 유개념이 된다. 유개념은 다른 말로 최근류(最近類)라고도 한다.

종차(種差)   하나의 유개념에 포함된 여러 개별적인 종류들을 각기 다른 종들과 구별하기 위한 차이점을 종차라고 한다. 예를 들어, 동물이라고 하는 유개념 속에서 인간이라고 하는 종개념을 다른 동물과 구별하게 하는 ─ 이성적, 사회적, 도구를 사용하는, 언어를 사용하는, 직립 보행을 하는 등등 ─ 특징을 말하면 그것을 종차라고 한다.

범주   하나의 종이 더 이상 올라갈 수 없는 최상위의 유개념을 범주라고 한다. 예를 들면 '총각'의 유개념은 '남자'이고, '남자'의 유개념은 '사람'이고, '사람'의 유개념은 '동물'이다. 다시 '동물'의 유개념은 '생물'이고, '생물'의 유개념은 '존재'(철학에서는 '실체'라고 한다)이다. 그런데 그 이상의 유개념은 없다. 이와 같이 더 이상 올라갈 수 없는 최고의 유개념을 논리학에서는 범주라고 한다.

단칭 판단   단칭 판단은 특정한 하나의 고유한 이름을 표현하는 명사를 주어로 삼는 판단을 말한다. 예를 들면 "이 자동차는 빨간색이다"나 "저 공은 바람이 빠졌다"와 같이 표현되는 판단이다. 그런데 이 경우는 판단의 대상이 되는 집합이 단 하나의 원소만 갖는 것이 되므로, 논리학에서는 단칭 판단을 전칭 판단에 속하는 것으로 간주한다.

특칭 판단 하나의 대상을 지칭하는 것은 아니지만 그렇다고 전체를 지칭하는 것도 아닌 특정한 일부 외연만 해당하는 판단을 특칭 판단이라 한다. 이 경우에 해당하는 범위는 '적어도 하나 이상'이다. 예를 들면 "어떤 자동차는 빨간색이다"나 "어떤 공은 바람이 빠졌다"와 같이 표현되는 판단이다.

전칭 판단 해당 집합 전체에 대해 내리는 판단을 전칭 판단이라 한다. 예를 들면 "모든 공은 둥글다"나 "모든 자동차는 바퀴가 달려 있다"와 같은 판단을 말한다. 집합 전체에 대한 판단이므로 하나의 원소만 가지는 집합에 대한 단칭 판단을 전칭 판단에 포함시키는 것이다.

단순 명제(원자 명제) 단순 명제는 단문에 속하는 문장으로 이루어진 명제를 의미한다. 복합 명제 혹은 합성 명제의 구성 요소가 되는 명제이다. 예) 하늘은 파랗다.

복합 명제(분자 명제) 두 개 이상의 단순 명제가 결합된 명제를 뜻한다. 예) 하늘은 높고 산은 푸르다.

분석 명제 명제가 맺어주는 두 개념의 관계로 보아 그것이 참임을 알 수 있는 명제이다. 혹은 주어의 내용이 술어에 필연적으로 포함되어 있는 경우의 명제를 분석 명제라고 한다. 동어반복적 표현(tautology) 역시 분석 명제에 포함된다. 분석 명제는 새로운 정보를 알려주는 명제는 아니다.

종합 명제 주어의 내용에 술어의 의미가 들어 있지 않은 명제로 명제가 참이냐 거짓이냐를 알기 위해서 사실과 일치 여부를 확인해야 하는 명제이다. 종합 명제는 주어에 대한 새로운 정보를 알려주는 명제이다.

항진 명제 가능한 모든 경우에서 항상 참(眞)이 되는 명제를 항진 명제라고 한다. 예를 들면 "나는 가수가 되거나 되지 않거나이다"와 같은 명제는 가수가 되어도 참이고, 가수가 되지 않아도 참이다.

항위 명제 항진 명제와 반대로 가능한 모든 경우에 항상 거짓(僞)이 되는 명제를 항위 명제라고 한다. 따라서 항위 명제가 말하는 내용은 불가능 세계에 대한 것이 된다. 논리적으로 불가능한 명제이므로 모순 명제라고도 한다. 예를 들면 "나는 동시에 남자이기도 하고 여자이기도 하다"와 같은 명제다.

전제(근거)와 결론(주장) 추리 혹은 추론의 과정에서 최종적인 주장들이 참임을 뒷받침하는 명제를 전제라고 하고, 전제가 되는 명제들에 의해서 지지되는 주장을 결론이라고 한다.

논증과 설명   논증은 결론을 증명하기 위한 것으로 결론이 참이라는 것에 대한 믿을 만한 근거를 제공하는 것이다. 반면에 설명은 어떤 주장이 왜 참인가를 밝히기 위한 것이다.

귀류법   어떤 주장을 직접 증명하기 어려운 경우 그 주장의 반대 주장을 참으로 가정하고 그 주장과 모순이 되는 사실을 제시하여, 그 반대 주장이 참이 아님을 입증함으로써 자신의 주장을 참이라고 증명하는 연역적 논증 방식이다. 예) 새로 전학 온 학생은 남자이다. → 아니다, 여자이다. → 그래 여자라고 치자. 그렇다면 그 학생은 왜 남자 화장실에서 볼일을 보는 것이지 → !

순환적 정의   정의하는 항과 정의되는 항이 동일하게 표현되는 정의를 순환적 정의라고 한다. "산은 산이요, 물은 물이로다"라는 말은 입적하신 성철스님의 유명한 법어이다. 그런데 이 말은 종교적인 의미는 있을지 몰라도 논리적인 정의라고 할 수는 없다. 순환적 정의는 이와 같이 문학적인 수사나 특별히 강조하려는 의도를 가지고 사용된다.

순환논법   순환논법은 오류에 해당하는 논법이다. 흔히 '선결 문제의 오류'라고도 한다. 예를 들면 "소크라테스는 참말만 하는 사람이다"라고 주장하고서, 그 근거를 "왜냐하면 그는 거짓말을 하지 않기 때문이다"와 같이 제시했다면 순환논법에 해당한다. 형식적으로는 근거를 제시하고 있지만 표현만 다를 뿐 사실상 같은 말을 되풀이하고 있기 때문이다. 이렇게 어떤 주장을 논증하면서 바로 그 논증하는 주장과 동의어에 불과한 명제를 근거로 삼는 것을 순환논법이라고 한다.

정언 명제 어떤 사실이나 사태에 대해서 단정적으로 긍정적이거나 부정적인 주장을 하는 명제를 말한다. 정언 명제는 주명사와 빈명사라고 하는 두 개의 명사로 구성되어 있다. 약호로 주명사는 S, 빈명사는 P로 표현한다(S-P). 정언 명제는 주명사에 의해 지시된 대상이나 집합 전체 또는 일부가 빈명사에 의해 지시된 대상이나 집합을 포함하거나 배제한다는 것을 주장한다.

연언 명제 두 개의 정언 명제가 '그리고'라고 하는 논리 결합어로 묶여진 복합 정언 명제이다.

가언 명제 두 개의 정언 명제가 '만일 ~이면 ~이다'라는 형식으로 묶인 복합 명제이다. 이때 '만일 ~이면'의 사이에 들어가는 정언 명제를 그 가언 명제의 전건이라 하고, '~이다'에 들어가는 정언 명제를 후건이라고 한다.

정의적(情意的) 의미 그 용어가 주는 느낌이나 태도 또는 감정을 표현하는 의미를 말한다. (예 : 부인과 여편네, 공산주의자와 빨갱이) 객관적이고 정보를 전달하려는 목적에서 어떤 주장을 할 경우에는 되도록 감정적 의미가 강한 표현은 사용하지 말아야 한다.

예에 의한 정의   어떤 용어의 적용 대상이 되는 하나 이상의 예를 제시하여 예로써 용어를 정의한다. 피상적 정의라고 부르는 경우도 있다. 예) 일반적으로 말하는 갖은 양념이란 불고기 양념에 들어가는 것을 말한다.

동의어에 의한 정의   동일한 것을 뜻하는 다른 낱말이나 구절을 제시함으로써 용어를 정의한다. 예) 감격적인-벅찬, 맥박치는-고동치는

분석적 정의   분석적 정의는 어떤 용어가 적용되는 사물들의 유형과 그 용어가 적용되는 유형 간의 차이를 밝힘으로써 이루어지는 정의이다. 예) 인간은 이성적인 동물이다.(유개념과 종차로 이루어진 정의)

조건 명시적 정의   용어의 모호성을 줄이기 위해 사용되는 정의이다. 특정한 상황에서 쓰기에는 일상적 의미가 너무 모호한 용어의 적용 가능성을 제한하고 규정한다. 조건 명시적 정의로 사용할 수 있는 정의는 분석적 정의뿐이다. 예) 아침까지라고 한 약속에서 아침의 의미는 오전까지를 의미한다.

설득적 정의   정의된 용어와 그 외연에 대한 태도를 전달하거나 불러일으키기 위해 사용되는 정의이다. 모든 형태의 정의 방식이 다 이용될 수 있다. 예) 부유세란 사회의 경제적 불평등을 시정함으로써 계층 간의 위화감을 줄일 수 있는 제도이다.

변형에 의한 직접 추론 중 환위법 전제가 되는 명제의 주명사와 빈명사의 위치만 바꾸어 같은 진리 값을 갖는 새로운 명제를 결론으로 도출하는 방법이다.

변형에 의한 추론 중 환질법 전제가 되는 명제의 위치를 바꾸는 것이 아니라 전제가 되는 명제의 질을 바꾸어 동치 명제를 결론으로 이끌어내는 방법이다.

변형에 의한 추론 중 대우법 전제가 되는 명제의 주명사와 모순이 되는 명사가 빈명사 자리에 오고, 빈명사와 모순이 되는 명사는 결론이 되는 명제의 주명사의 자리에 오도록 하는 추론이다.

대당 사각형에 의한 직접 추론 주명사와 빈명사가 같은 두 명제의 양과 질 혹은 양과 질 중 하나가 다를 때, 한 명제의 진위로부터 다른 명제의 진위를 판단하는 추론을 말한다. 이 두 명제의 관계를 대당 관계라고 말한다.

매거적 귀납 추론 동일한 종류에 속하는 어떤 사실만을 하나씩 나열함으로써 그것들의 공통적인 일반적 결론을 이끌어내는 귀납 추론이다. 결론으로서 하나의 일반화를 가지기 때문에 귀납적 일반화라고 불리기도 한다. 예) 모든 관찰된 대상 P는 속성 A를 가진다. 그러므로 모든 P는 A를 가진다.

인과적 귀납 추론 사태에 대한 인과 관계를 기초로 이루어지는 추론. 논리학에서의 원인 규명은 하나의 원인을 밝히는 데 그치는 것이 아니라, 일어난 사건이나 사태의 필요충분조건이 되는 원인을 밝혀 추론에 사용한다.

귀납적 비약 귀납 추론은 일부의 사례로부터 그 사례 전체에 해당된 결론을 이끌어내는 것이기 때문에 엄밀히 말하면 논리적인 비약을 범하는 방법이라 할 수 있다. 이와 같이 부분적인 사실에 기초하여 확인한 원리를 그 사실 전체에 관하여 결론을 내리는 것을 귀납적 비약이라 한다.

일치법 인과적 귀납 추론에 속하는 추론 방법으로 "문제가 되고 있는 현상의 두 개 혹은 그 이상의 사례가 오직 하나의 사정만을 공통적으로 가지고 있으면, 모든 사례가 그 점에서만 일치하고 있는 그 사정이 그 현상의 원인(혹은 결과)이다."_밀의 공리

차이법 인과적 귀납 추론에 속하는 추론 방법으로 "문제되고 있는 현상이 생기는 사례와 그것이 생기지 않는 사례가 전자에서만 생기는 한 사정을 제외하고는 모든 사정을 공통으로 가지고 있으면, 두 사례가 그 점에서만 다른 그 사정은 그 현상의 결과이든가, 혹은 원인이든가, 혹은 그 원인이 없어서는 안 될 한 부분이다."

일치 차이 병용법 문제의 현상이 생기는 두 개 혹은 그 이상의 사례가 오

직 하나의 사정만을 공통적으로 가지고, 한편 그 현상이 생기지 않는 두 개 혹은 그 이상의 사례가 그 사정의 결여 이외에는 아무것도 공통적으로 가지고 있지 않으면, 이 두 그룹의 사례들이 그 점에서만 다른 그 사정은 그 현상의 결과이든가, 혹은 원인이든가, 혹은 원인의 불가결한 부분이든가이다.

잉여법 어떤 현상이든지 기왕의 귀납들에 의하여 어떤 전건들의 결과라고 알려져 있는 부분을 제거하면, 그 현상의 나머지 부분은 남아 있는 전건들의 결과이다.

공변 어떤 현상이든지 또 하나의 현상이 어떤 특수한 모양으로 변화할 때마다 어떤 모양으로 변화하면, 그 현상은 그도 하나의 원인이든가 혹은 결과이든가 혹은 어떤 인과 관계의 사실에 의하여 이것과 연결되어 있다.

유비 추론 두 대상이 그것들의 구조나 요소의 관점에서 비교될 때, 이것을 유비라 한다. 유비는 설명이나 해명을 하는 데 사용되기도 하고, 가설들을 제안하는 데 사용되기도 하며 논증을 하는 데 사용되기도 한다. 유비 추론은 둘 또는 그 이상의 대상들이 어떤 관점에서 유사하다는 전제로부터 그것들이 그 이상의 관점에서 유사하다는 결론을 도출하는 추론을 말한다.

모호성 어떤 주장의 정확도가 떨어져서 필요하고 적절한 정보를 제공하지 못할 경우 그 주장은 모호한 주장이 된다. 그러나 의미가 모두 전달되지 않는다고 해서 모두 모호한 문장은 아니다. 읽는 사람 혹은 주장을 듣는 사람의 이해도에 따라 의미 전달의 정도가 달라질 수도 있기 때문이다.

애매성 어떤 주장이 하나 이상의 의미를 가지고 있을 때, 그 의미가 어떤 뜻으로 쓰였는지가 앞뒤 문맥으로 보아도 분명하지 않다면 그 주장은 애매한 주장이다.

철학 판타지 01
논리의 미궁을 탈출하라

초판 1쇄 2005년 8월 25일
　　　7쇄 2007년 1월 15일
2판 1쇄 2007년 8월 30일
　　　6쇄 2009년 9월 4일
3판 1쇄 2012년 9월 10일
　　　3쇄 2016년 5월 24일

지은이 | 좌백
감수 | 한국철학사상연구회
펴낸이 | 정은영
기획편집 | 고은영, 양승순
디자인 | 표지 염단야 본문 여만엽
일러스트 | 왕지성

펴낸곳 | 마리북스
출판등록 | 2007년 4월 4일 제2010-000032호
주소 | 121-904 서울시 마포구 월드컵북로 400 문화콘텐츠센터 5층 21호

전화 | 02)324-0529, 0530
팩스 | 02)324-0531
홈페이지 | www.maribooks.com
Email | mari@maribooks.com
인쇄 | 현문자현

ISBN 978-89-94011-29-5 (44100)
　　　978-89-94011-31-8 (44100) set